Jens Clasen
Männer bohren nicht in der Nase,
sie streicheln ihr Gehirn

PIPER

Zu diesem Buch

Männergespräche – gibt's die überhaupt?
Können Männer mit Dingen ohne Fernbedienung tatsächlich kommunizieren?
Dieses Buch beweist: Echte Kerle sind einfach super, man muss nur genau hinhören ...

*Jens Clasen,* geboren 1971, lebt in Hamburg und ist Chefautor bei *Men's Health.* Wenn er nicht in dieser Kaderschmiede für echte Kerle schreibt, erzieht er seine beiden kleinen Söhne zu Männern, die auch mal den Mund aufmachen.

Jens Clasen

# MÄNNER BOHREN NICHT IN DER NASE, SIE STREICHELN IHR GEHIRN

## Echte Kerle im O-Ton

Piper München Zürich

*Mehr über unsere Autoren und Bücher:*
*www.piper.de*


*Danke, Jungs*

MIX
Papier aus verantwor-
tungsvollen Quellen
FSC® C014496

Originalausgabe
September 2012
© Piper Verlag GmbH, München 2012
Titel: Jung von Matt/Alster Werbeagentur GmbH, Hamburg
Umschlaggestaltung: Philipp Frank, München
Umschlagmotiv: Boris Zaytsev/Philipp Frank
Buchgestaltung: Julia Hoffmann. Dank auch den Teilnehmern des
Seminars für Buchgestaltung im Studiengang Mediapublishing
an der Hochschule der Medien Stuttgart für ihre kreativen Ideen
Satz: Kösel, Krugzell
Gesetzt aus der Meta Serif
Papier: Munken Print von Arctic Paper Munkedals AB, Schweden
Druck und Bindung: GGP Media GmbH, Pößneck
Printed in Germany ISBN 978-3-492-27433-3

# Inhalt

7 **Einleitung**

9 **»Isch pimpe meinen Style!«**
Männer und ihr Körper

33 **»Den Müll mit ins Meyer's?«**
Männer und Haushalt

61 **»Der fährt immer Spitze!«**
Männer und Technik

85 **»Ich bin doch nicht dem seine Mutter.«**
Männer und Familie

103 **»Jetzt brauch ich 'ne neue Alte, Digger!«**
Männer und Frauen

145 **»Mein Onkel ist nämlich ein echter Bordell-Athlet.«**
Männer und Sport

165 **»So brainstormen draußen kommt doch echt geiler.«**
Männer und Arbeit

187 **»Meine Güte, hängen die tief!«**
Männer und noch mehr Männer

# Einleitung

Eine Frage ist mir während der Arbeit an diesem Buch immer wieder gestellt worden: Männergespräche belauschen – geht das überhaupt? Eine berechtigte Frage. Der klassische Männerdialog geht ja so:

Zwei Mann.
Zwei Bier.
Kein Wort.

Nicht viel zu belauschen, oder?
Es ist wahrscheinlich leichter, das scheue australische Schnabeltier in freier Wildbahn zu filmen, oder den Kiwi, den schüchternen neuseeländischen Nationalvogel, vor die Kamera zu bekommen, als ein echtes Männergespräch aufzuzeichnen. Entsprechend hoch ist also das Verdienst dieses Buches einzuordnen.
Es wurden weder Bierkosten noch Fitness-Studio-Mühen gescheut. Weder Umkleidekabinengeruch noch harte Fouls haben die Recherche bremsen können. Kein Stammtisch war zu entlegen, keine Parkbank sicher. Ob beim Joggen im angeblich einsamen Wald oder beim Besuch einer vermeintlich leeren Toilette: Nirgendwo konnten sich die Männer vor den Lauschattacken des Autors verbergen.
Aber es soll zu ihrem Besten sein.
Denn wer diese Sammlung von Anekdoten, Dialogen und

Szenen liest, der erfährt von der unendlichen Empfindsamkeit eines zarten Wesens namens Mann. Er wird die tiefe Anrührbarkeit der männlichen Seele erkennen und sich schließlich einer ganzen Spezies näher fühlen. Männer werden sagen: »Tja, so sind wir nun mal.« Und Frauen werden kreischen: »Ja, genau SOOO sind die!«
Und alle werden einander NOCH lieber haben.
Versprochen.

## Männer und ihr Körper

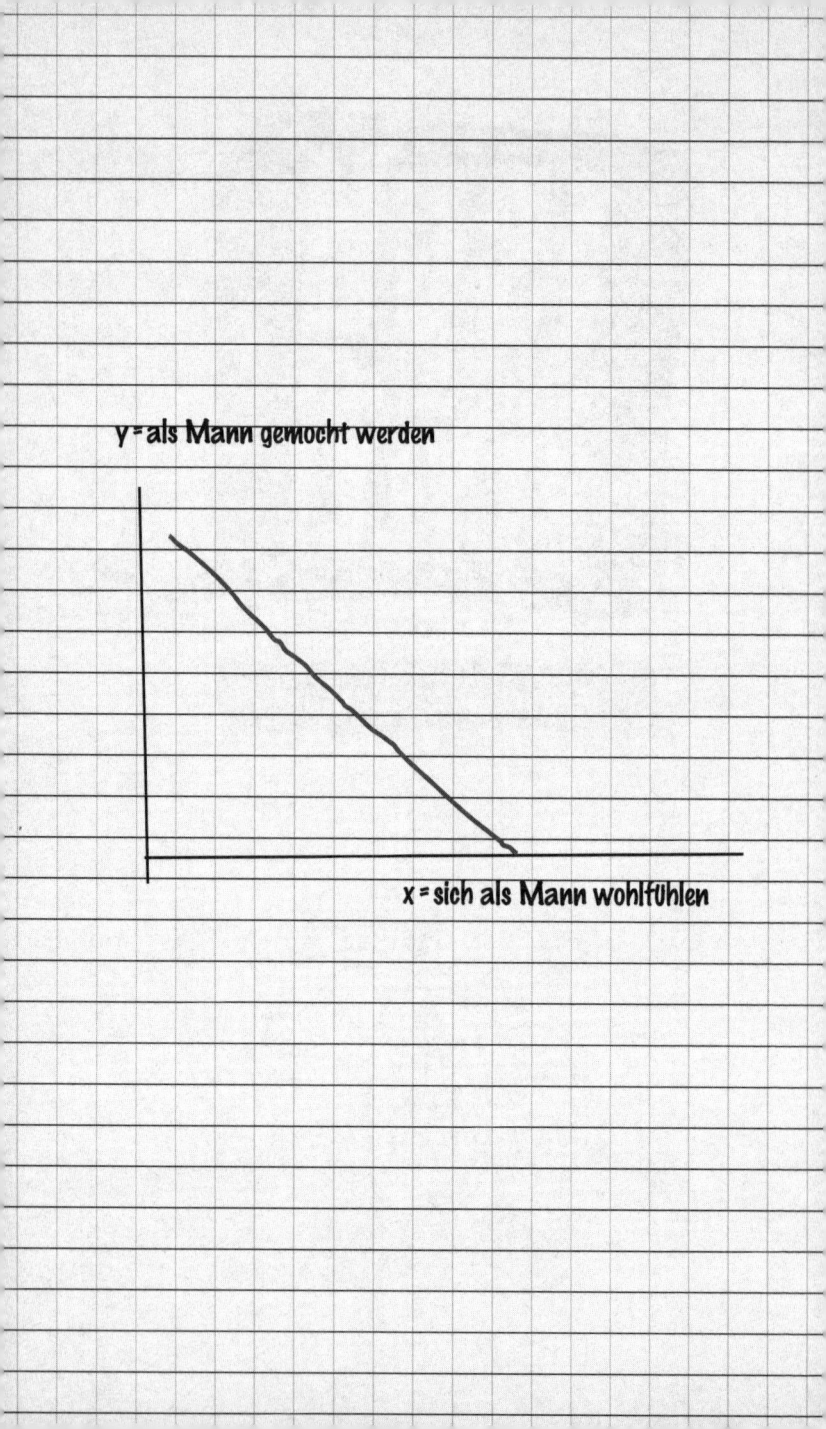

Der Mann und sein Körper.
Die Schnecke und ihr Haus.
Der Pilot und sein Raumschiff.
Berlin und die Mauer.
Die Vergleiche zeigen: Ein schwieriges Thema.
Männer und Körper, das ist nicht immer eine Einheit.
Im Sinne des Funktionierens: Ja. Schon.
Zumindest wenn der Körper denn funktioniert.
Als Maschine, als Waffe, als Panzer, als Pumpe und Motor.
Wenn er läuft und ackert und aufnimmt und verdaut und macht und tut – und am Ende ordentlich etwas dabei herauskommt – dann sind »A Man and his Body« im Einklang.
Aber wehe, der Körper funktioniert nicht. Dann wird er ignoriert. Mit Missachtung gestraft. Weiter gefordert, bis er wieder spurt. Oder er wird anders bestraft: durch Liegestütze, Eisenfressen, im schlimmsten Fall auch Pillenfressen.
Einerseits pflegt und ehrt ein echter Kerl seinen Leib wie ein Heiligtum, bringt ihm Opfer auf der Hantelbank und der Joggingbahn – andererseits wirtschaftet er ihn mit Unmengen Bier und Fast Food und mit unzähligen durchzechten Nächten herunter. Und bestraft ihn mit noch mehr Bier und Eisen, wenn er aufmuckt. Fordern statt fördern, am liebsten: Überfordern.
Siecht der Body schlussletztlich dahin und ist er unheilbar – zum Beispiel – an einer Erkältung erkrankt, ist das Gejammer groß. Was mache ich nun, wie soll ich denn, wie kann ich bloß …? Wäre der Mann wirklich ein Ma-

schine, dann hätte er am Kopf ein Display, auf dem jetzt stünde: »Alarm! Funktionsausfall! Alarm!« Hat er aber nicht. Er ist keine Maschine. Und deshalb redet er in diesen Situationen höchstens mal mit einem Kumpel darüber, wie es denn so geht:
»Und?«
»Muss ja.«

## In der Gruppe stark

In der Umkleide eines Fitness-Studios.
**Erster Mann:** »Sag mal, schadet Alkohol eigentlich dem Muskelaufbau?«
**Zweiter Mann:** »Glaub' nicht. Ich bin da in so 'ner Gruppe, und wir gehen nach dem Sport auch immer einen heben. Hatte bisher keine Nebenwirkungen.«
**Erster Mann,** interessiert: »Ah, eine Trainingsgruppe?«
**Zweiter Mann:** »Nee, Trinkergruppe.«

..........................................

## Haariges Gesicht

Zwei Männer treffen sich zufällig in der Stadt.
**Der eine:** »Hee, neuer Bart.«
**Der andere:** »Nee, ist immer noch der alte.«
**Der eine:** »Nee, ich meine: Viel länger.«
**Der andere:** »Na ja, eigentlich habe ich ja gar keinen Bart.«

## Schwere Beine

Eine Gruppe Jungs im Freibad.
**Der erste:** »Yo, Micha wolltste nicht abnehmen?«
**Der Angesprochene:** »Hab ich auch. Schon sechs Kilo.«
»Sieht man aber nichts von.«
»Dauert halt, bis man was sieht.«
**Ein dritter:** »Mein Dad meinte neulich, so'n Bein mit Fuß wiegt bis zu 20 Kilo.«
**Der erste:** »Ey, genau, Micha. Säg dir ein Bein ab. Das würde man auch sofort sehen, Alter.«
Gelächter. Nur Micha scheint einen Moment ernsthaft das Gesagte abzuwägen und murmelt schließlich: »Sieht aber auch scheiße aus, so mit appem Bein …«

· · · · · · · · · · · · · · · · · · · · · · · · · · · · · · · · · · · · · · · · · · · · · · · · ·

## Falsche Suppe

Im Thai-Imbiss.
**Ein Mann** fragt: »Gibt es das vegetarische Curry auch mit Schweinefleisch?«

## Gefährliche Brühe

Zwei Muskelmänner an einer Bar. Der eine bestellt eine Cola.

**Der andere:** »Alter, Cola! Weißt du, wie gefährlich die ist?«

»Wieso? Weil die dick macht?! Ein Glas wird schon gehen.«

»Nee, kennst du das nicht aus dem Chemie-Unterricht? Leg mal über Nacht ein Stück Fleisch in die Cola. Am nächsten Tag ist das weg.«

»Uäh, Fleisch in der Cola, wer trinkt denn so was?«

**Der Wirt:** »Der Trick mit dem Fleisch funktioniert auch mit Mineralwasser oder Limo. Liegt an der Kohlensäure.«

**Der erste:** »Gar nix kann man mehr trinken, Alter. Gar nix.«

......................................

## Jetzt Vorhaut ab!

Mutter mit vierjährigem Sohn in überfüllter U-Bahn. Der Kleine hat wohl eine leichte Vorhautverengung und vom Arzt aufgetragen bekommen, sie jeden Tag vor und zurück zu schieben. Plötzlich springt er auf und schreit ganz laut und panisch: »Mama! Wir müssen raus! Ich hab heute vergessen, meine Vorhaut zurückzuschieben!«

## Farbe im Gesicht

Freitagabend. Zwei Türken-Boys rauchend vor einem Club.
**Der eine:** »Eh, Murat, Alter, was is das eigentlisch an deine Augen?«
**Der andere:** »Was? Wieso? Nix.«
»Eh, ist das etwa Kajal, Alter?«
»Eh, glaubs du isch bin schwul, oder was?«
»Alter, du schminkst disch, wie geil!«
»Eh, gar nicht, Alter! Isch schmink misch nischt, isch pimpe meinen Style, klar?«

........................................

## Brennpunkt Hals

Zwei Männer morgens in der U-Bahn. Es geht um Erkältungen und andere Malaisen.
**Der eine:** »Und dann habe ich diese fiesen Halsschmerzen, so ein Brennen, was einfach nicht weggeht.«
**Der andere:** »Hast du's mit Gurgeln versucht?«
»Klar. Aber da findest du ja nur irgendwelche anderen kranken Spinner.«

## Frühreife

Männergespräch am Kneipentresen.
**Der eine:** »Mann, ich komme überhaupt nicht aus dem Quark. Immer nur Scheißlaune, alles zieht mich runter, keinen Bock auf nix.«
**Der andere:** »Vielleicht Frühjahrsmüdigkeit?«
**Der erste:** »Alter, wir haben Dezember!«
**Der andere:** »Bist halt früh dran.«

. . . . . . . . . . . . . . . . . . . . . . . . . . . . . . . . . . . . . . .

## Friseur am A....

Zwei Burschen in der Umkleide eines Schwimmbads.
**Der eine:** »Ich bin froh, dass ich überhaupt wieder sitzen kann.«
**Der andere:** »Was? Wieso das denn?«
**Der erste:** »Analfissur. Das sind Schmerzen, sage ich dir!«
**Der andere:** »Da würde ich mir die Haare aber auch echt nicht schneiden lassen, Mann.«

## Warme Worte

Drei Männer in der Sauna.
**Der erste:** »Alter, tut mir die Hand weh.«
**Der zweite:** »Vielleicht eine Sehnenscheidenentzündung.«
**Der dritte:** »Bist du nicht gerade wieder Single? Wohl eher eine Nach-Scheiden-sehnen-Entzündung.«

· · · · · · · · · · · · · · · · · · · · · · · · · · · · · · · · · · · · · · ·

## Wer will schon nach oben?

Zwei Männer, abends auf einer Bank.
Der eine raucht.
**Der andere:** »Willste nicht endlich mal aufhören?«
**Der eine:** »Hab doch gerade erst angemacht.«
**Der andere:** »Ich meine: komplett.«
**Der eine:** »Nö, wieso denn?«
**Der andere:** »Meine Mutter hat auch aufgehört, und die kommt plötzlich wie doof die Treppen hoch.«
**Der eine:** »Treppensteigen nervt.«

## In der Gruppe ist er stark

In einer Kneipe, früher Abend. Zwei Männer, vom Aussehen her Brüder, sitzen an einem Tisch, jeder ein großes Glas Bier vor sich.
**Der eine:** »Und, sagt der Arzt?«
Der andere trinkt langsam einen Schluck, wischt sich den Schaum ab und sagt: » Prostata.«
**Der erste:** »Ach so, ja, Prost. Und, was sagt er nu?«

· · · · · · · · · · · · · · · · · · · · · · · · · · · · · · · · · · · ·

## Mann, sind die Dickmacher!

Zwei durchtrainierte Jungs im Fitness-Studio.
**Der eine:** »Und abends nur noch Obst, ganz konsequent.«
**Der andere:** »Was? Abends Obst? Alter, so wirst du doch erst recht FETT!«
**Der eine:** »Wie bitte?«
**Der andere:** »Ja, guck doch mal, wie viel Zucker da drin ist! Glucose, Saccharose, Fructose! Ich sag's dir: Obst macht fett! Hundert Pro.«

## Strahlungsgefahr

**Der eine:** »Boah, Mann. Ich hab voll die trockene Haut. Vor allem an den Füßen.«
**Der andere:** »Musst mal so'ne Fußcreme nehmen. Am besten mit Urea.«
**Der eine:** »Ist das nicht radioaktiv?«

## Eigen Fleisch und Blut

Zwei Männer, deutlich angetrunken, im Gespräch über ihre genitale Ausstattung – und was Frauen darüber sagen.
**Der eine:** »Also die meinte, es gibt Blutschwänze und Fleischschwänze. Fleischschwänze sind schon schlaff ziemlich groß und werden auch nicht viel größer, wenn sie steif werden. Blutschwänze sind schlaff eher klein, werden aber mehr als doppelt so groß, wenn sie steif sind.«
**Der andere:** »Dann ist meiner ein Fleischschwanz, der sich verhält wie'n Blutschwanz.«

## Durch dick und dünn

Ein Familienvater steht urinierend am einsamen, weiten Nordseestrand. Sein dreijähriger Sohn kommt hinzu und guckt fasziniert.
**Sohn:** »Papa, was machst du?«
**Vater:** »Papa macht Pipi.«
**Sohn,** erstaunt: »Und warum machst du das durch so einen dicken? Meiner ist viel dünner.«

........................................

## Die Größe zählt doch!

Zwei kleine Jungs, einer etwa drei, der andere knapp über ein Jahr alt, sitzen nebeneinander im Doppelkinderwagen und trinken Saft aus kleinen Tetrapaks. Der ältere zieht seinen Strohhalm raus, hält ihn dem Baby vors Gesicht und skandiert in einem Singsang: »Ich hab' den längsten! Ich hab' den längsten!«

........................................

## Total zerheilt

Eine Frau trifft zufällig einen Mann auf der Straße und fragt: »Hey, hallo! Hattest du nicht diesen Gips? Was macht der Arm?«
**Der Mann,** stolz und froh: »Super! Alles total verwachsen!«

## God shave the king

Papa bearbeitet seinen Dreitagebart mit dem Elektrorasierer. Sein knapp drei Jahre alter Sohn kommt dazu und beobachtet ihn fasziniert.
**Sohn:** »Papa, tut das in den Haaren weh?«
**Vater:** »Nein, das tut nicht weh.«
**Der Sohn** macht eine verzerrte Grimasse und fragt:
»Und warum guckst du dann so?«

. . . . . . . . . . . . . . . . . . . . . . . . . . . . . . . . . .

## So weit kommt's nicht

Ein Paar am Morgen. Sie kommt aus dem Bad.
**Sie:** »Sag mal, was sind'n das für komische weiße Flecken am Spiegel?«
**Er** (schaut nach): »Keine Ahnung. Zahnpasta, würd ich sagen.«
**Sie** (skeptisch): »Aha. Na, so lange es nicht das ist, was ich erst dachte ...«
Er geht nochmals nachsehen, kommt grinsend wieder.
**Sie:** »Grinst du denn so blöd?«
**Er:** »Vom Beckenrand bis zum Spiegel sind es fast 60 Zentimeter. Und der Spiegel hängt auf Brusthöhe.«
**Sie:** »Na, und?«
**Er:** »Nix. Ich freue mich, dass du mir das zutraust.«
**Sie:** »Oooh, Typ! Ich dachte, das wäre Rotze von deinen komischen Gurgelaktionen.«

## Gleitschicht im Gesicht

Vater (etwa 50) und Sohn (etwa 20) beim Spaziergang.
**Sohn:** »Hast du eigentlich eine neue Brille?«
**Vater:** »Ja, ganz schick, oder? Was ganz Besonderes. Gleitsichtbrille.«
**Sohn:** »Aha. Fällt die dann nicht dauernd runter?«

## Die Erben von Thomas Mann?

Mittwoch Mittag. Zwei Frauen um die 50 unterhalten sich an einer Straßenecke. Beide klagen über die Ehe und die Last des Alterns. Als der Kombi eines Technik-Dienstes mit der Aufschrift »Reparaturservice Mann« um die Ecke biegt, sagt die eine: »Das muss ich meinem mal empfehlen.«
**Die andere:** »Ach, bringt doch alles nüscht bei denen.«

## Geräucherter Arm

Zwei Männer in der Kneipe.
**Der eine:** »Hast'n da am Arm gemacht?«
**Der andere:** »Nix. Nikotinpflaster. Ich will aufhören.«
**Der eine:** »Und, tut's noch weh?«

## Ein Kerl namens Lüge

Zwei Männer im Freibad.
**Der eine:** »Neulich habe ich einen gesehen, der hatte ungelogen noch kürzere Beine als ich.«
**Der andere:** »Wen? Das Sandmännchen?«

· · · · · · · · · · · · · · · · · · · · · · · · · · · · · · · · · · · · · · · ·

## Nicht so seins

Eine Flughafenbuchhandlung.
Eine Frau versucht, ihrem Mann ein Männer-Lifestyle-Magazin anzudrehen.
**Sie:** »Schau mal, soll ich das für dich mitnehmen? Ich gehe eh zur Kasse.«
**Er:** »Ach, komm. Was interessiert mich denn der Mist?«
**Sie:** »Hmm, Sport, Fitness, gesunde Ernährung, Abnehmen, Potenz-Check, mehr Spaß beim Sex ... Stimmt, interessiert dich wirklich alles nicht.«

## Dem Jungen stinkt's

Familienurlaub im Ferienhaus. Schwiegervater und Schwiegersohn im Gespräch.
**Schwiegervater,** amüsiert: »Sag mal, ist das von dir, dieses Invisible-Deo for Men?«
**Schwiegersohn:** »Ja, wieso?«
**Schwiegervater:** »Ich frage mich nur, ob's wirklich unsichtbar macht.«
Beide lachen.
**Schwiegersohn:** »Nee, ist nur wegen dieser fiesen Deoflecken. Die entstehen damit angeblich nicht.«
**Schwiegervater:** »Aha. Und, zufrieden?«
**Schwiegersohn:** »Ja, schon.«
Schweigen.
**Schwiegersohn:** »Obwohl ...«
**Schwiegervater:** »Ja?«
**Schwiegersohn:** »Es riecht ziemlich scheiße ...«

. . . . . . . . . . . . . . . . . . . . . . . . . . . . . . . . . . . . . . . .

## Kein Arzt hat immer nicht recht

Ein deutscher Urlauber geht mit seiner Knieverletzung in Holland zum Arzt. Der Arzt nimmt ihm den – in Deutschland angelegten – Verband ab und sagt: »Normally we wouldn't put a bandage on this.«
**Der Tourist:** »But the doctor said ...«
**Der Arzt:** »Don't always believe what the doctor says.«

## Geräucherter Schinken ist böse

Eine junge, adrett gekleidete Frau verlässt ein Bürogebäude durch den Haupteingang. Vor der Tür bleibt sie einen Moment stehen, schaut kurz mit gerümpfter Nase in Richtung eines dicken Mannes im Anzug, der dort eine Zigarette raucht, und dreht dann den Kopf abrupt wieder in Richtung Tür.

**Der Raucher:** »Ich WEISS, was Sie jetzt denken, ich weiß es genau. FETT UND RAUCHEN, denken Sie, WIE GEHT DAS DENN? Wie kann einer sich 20 Zigaretten am Tag reinpfeifen und trotzdem SO FETT SEIN? Ich sage Ihnen was: Ich verstehe es selbst nicht. Ich muss nur an McDonald's VORBEILAUFEN, und schon nehme ich zu.«

**Die Frau** weicht zurück und sagt mit gerunzelter Stirn: »Äh…, eigentlich hatte ich nur überlegt, ob ich nicht besser noch mal aufs Klo sollte, bevor ich losgehe.«

· · · · · · · · · · · · · · · · · · · · · · · · · · · · · · · · · · · · ·

## Zeigt her eure Füße …

Ein Paar im Schuhgeschäft. Er sucht ein Paar Halbschuhe, stellt sich aber einfach nur in die Mitte des Ladens und sagt: »Ich finde hier nichts.«

**Sie,** beruhigend: »Nun schau dich doch erst mal um. Welche Größe brauchst du denn?«

**Er:** »Pffft, keine Ahnung. Dafür gibt es doch die Verkäuferinnen, die müssen das doch sehen.«

## Drogen sind die Rettung

Zwei Rettungssanitäter werden von einer besorgten jungen Frau in die Wohnung zweier junger Männer gerufen, die ganz offensichtlich unter starkem Drogeneinfluss stehen. Sie hängen vollgedröhnt mit breitem Grinsen in ihren Lehnstühlen und wiegen die Köpfe.
**Rettungssanitäter:** »Na, Jungs, was haben wir denn genommen?«
**Drogenkopf:** »Alter, keine Ahnung. Aber wie geil, dass ihr auch was genommen habt!«

..........................................

## Pille für den Run

Zwei Kumpels am Morgen vor einem gemeinsamen Marathonlauf. Letzte Vorbereitungen.
**Der eine:** »Sag mal, bist du bescheuert? Was haust du dir denn da für Tabletten rein?«
**Der andere:** »Aspirin. Macht das Blut schneller, verringert die Schmerzen ab Kilometer 32.«
**Der andere:** »Bist du verrückt? Zehn Aspirin oder wie viele das waren? Da blutest du doch hinterher aus'm Arsch.«
**Der andere:** »Ach was. Habe ich schon öfter gemacht. Kein Problem. Auch welche? Hab' noch zehn.«
**Der eine:** »Na ja, komm, gib her. Gleiches Recht für alle.«

## Sport muss manchmal wehtun

Ein Mann empfängt seine Freundin nach deren erstem Halbmarathon im Ziel.
**Sie:** »Hey, unter zwei Stunden. Super, oder?«
**Er:** »Jaja. Schön, dass du endlich auch mal kommst. Ich stehe hier schon seit einer Stunde herum und warte auf dich. Mir tun die Füße weh.«

........................................

## Ausgeglichenes Ernährungskonzept

Ein Paar beim Stadtbummel um die Mittagszeit.
**Sie:** »Ich könnte mal was essen.«
**Er:** »Ich auch. Da vorn ist eine Imbissbude. Burger mit Pommes kommt jetzt richtig gut.«
**Sie:** »Gibt es nicht auch irgendwas Gemüsiges?«
**Er:** »Pommes sind doch Gemüse.«

........................................

## Die Entstehung der Welt

Ein Paar nach dem Sex. Er blickt auf das gebrauchte, volle Kondom, atmet tief durch und sagt: »Wahnsinn. Damit könnte *ich* mein *eigenes* Volk gründen!«

## Amor als Enthaarungsmittel?

Eine Frau und ein Mann im Wellness-Bad.
**Sie:** »Sag mal, warum hast du eigentlich nur auf einer Seite der Brust Haare?«
**Er,** todernst: »Auf der anderen Seite bin ich in einem früheren Leben von einem Pfeil getroffen worden.«

● ● ● ● ● ● ● ● ● ● ● ● ● ● ● ● ● ● ● ● ● ● ● ● ● ● ● ● ● ● ● ● ● ● ● ● ●

## Die Durchschnitts-Zange

Eine Frau macht sich vor dem Badezimmerspiegel für den Abend zurecht. Ihr Freund schaut kurz rein, als sie sich gerade mit der Wimpernzange die Wimpern zupft.
**Er:** »Ey, ich finde euch Weiber so oberkrass. So was würde ich ja nie machen!«
**Sie:** »Was denn?«
**Er:** »Ich käme nie auf die bescheuerte Idee, mir die Wimpern abzuschneiden, ey.«

## Der hat doch einen Haarriss in der Schüssel!

Eine Frau im Gespräch mit einem älteren Herrn, der sie unmissverständlich anflirtet. Sie lenkt ab auf seine körperlichen Makel.

**Sie:** »Ist aber auch echt schade, wenn euch Männern die Haare irgendwann ausgehen. Trauerst du nicht deinen Haaren nach?«

**Er:** »Ach, nein. Das hat mit dem Alter nichts zu tun. Ich bin nun mal ein sehr intelligenter Typ, bei mir wächst das Gehirn ein Leben lang weiter, somit auch der Kopf. Da muss sich die gleiche Anzahl Haare irgendwann auf immer mehr Fläche verteilen.«

· · · · · · · · · · · · · · · · · · · · · · · · · · · · · · · · · · · · · · ·

## Es kann immer noch tödlich sein!

Ein Mann, Typ Lederjacken-Hip-Hopper, mit Halsentzündung beim HNO-Arzt.

**Der Arzt:** »Morgens und abends je eine von den Tabletten, dreimal täglich mit der Lösung gurgeln und wenig sprechen. Auch nicht flüstern.«

**Der Patient,** krächzend: »Kann ich denn damit rauchen, Herr Doktor?«

## Kraft der Lenden

Drei Männer trinken Bier und schauen sich eine populäre Abend-Quiz-Sendung im Fernsehen an. Bei der Frage »Welches ist das größte Organ des menschlichen Körpers?« grölen alle.
**Der erste:** »PEEEEEEEEEEEE-NIS!«!«
**Der zweite:** »Alter, das heißt Schwanz oder Pimmel, aber nicht Penis!«
**Der mit dem Doktortitel:** »Und außerdem ist das kein Organ.«
**Der erste:** »Und was ist es dann?«
**Der mit dem Doktortitel:** »Na, ein Muskel, oder?«

· · · · · · · · · · · · · · · · · · · · · · · · · · · · · · · · · · · · · ·

## Das Problem sitzt tiefer

Ein Paar im Streit um Toilette und Bad.
**Sie:** »Und außerdem sitzt du immer ewig auf dem Klo, das gleicht meine Zeit im Bad voll aus.«
**Er:** »Das kannst du überhaupt nicht vergleichen. Das ist eine Notdurft, die ich da verrichte.«
**Sie:** »Welche Notdurft dauert denn eine halbe Stunde? Ich hocke da höchstens drei Minuten – fertig.«
**Er:** »Du weißt ja gar nicht, wie das ist, als Mann. Du hast ja keine Prostata.«

# Die Schere zwischen Haar und Schnitt

Der Laden einer Styler-Friseurkette. Ein mittelalter Mann mit angegrauten Haaren betritt den Laden. Gleich an der Tür fängt ihn ein sonnenbankgebräunter Haareschneider mit Explosionsfrisur ab.

**Friseur:** »Sorry, Mann, aber das wird nichts.«

**Mann:** »Aber ich habe doch noch gar nichts gesagt.«

**Friseur:** »Ja, aber eine Frisur wie Ihre schneiden wir hier nicht, sorry.«

**Mann:** »Aber ich habe doch noch gar nicht gesagt, was ich für einen Haarschnitt will.«

**Friseur:** »Sorry, ich *weiß*, was Sie für einen Haarschnitt wollen.«

**Männer und Haushalt**

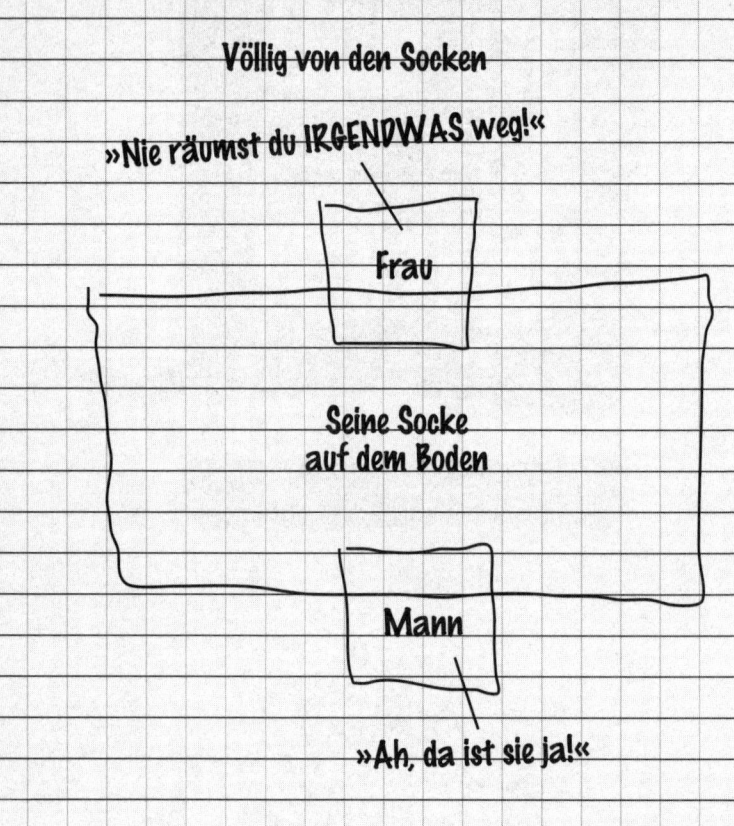

Der Wohnraum.
Unendliche Weiten.
Fremde Welten. Seltsame Phänomene.
Waschmaschinen.
Putzlappen.
Dunstabzugshaubenfiltereinsätze.
Auch wenn er darin lebt, ist der Haushalt für den Mann stets das unbekannteste aller Universen.
Lebt er allein, führt er jede Behausung sofort zurück zur Urversion jeglicher Form von »Dach überm Kopf«: Die Höhle. Da sitzt er dann, nagt an Knochen oder wahlweise Tiefkühlpizza und sehnt sich nach der guten alten Urzeit. Niemand bedauert mehr als der Mann, dass offenes Feuer in Wohnräumen heutzutage verboten ist. Niemand versteht weniger als der Mann, dass es inzwischen so etwas wie Einbauküchen oder begehbare Kleiderschränke gibt. Keiner ist ratloser, wenn es um die Frage geht: Wofür braucht man Cerankochflächen-Reinigungsmittel?
Lebt der Mann nicht mehr allein, arrangiert er sich auf seine Weise mit den veränderten Lebensumständen. Er verfällt der Ersatzreligion der Technik (siehe entsprechendes Kapitel in diesem Buch). Denn nur Geschirrspülmaschinen und Mikrowellen helfen ihm, den Ansprüchen seiner Mitbewohnerin zu genügen. So wird er abhängig von den Dingen, die er einst fürchtete und ablehnte. Aus Protest gegen diese Seelenvergewaltigung hinterlässt er kleine anarchische Grüße aus der Urzeit. Eine stinkende Socke hier, ein halbleerer Teller da sorgen dafür, dass auch der durchgestylteste Designhaushalt letzte Restbe-

stände einer Anti-Zivilisation aufweist, die der Mann auch heute noch sein Seelenzuhause nennt.

Und wenn ihn jemand fragt, was zu Hause so läuft, sagt er aus tief empfundener Verängstigung: »Die Waschmaschine, die Spülmaschine – und irgendeine Verschwörung der beiden gegen mich.«

## Wurst von den Socken

Ein sonniger Spätnachmittag. Ein gedeckter Tisch im Garten, acht Männer und Frauen sitzen daran. Das Gastgeberpaar steht noch und streitet leise zischelnd, aber doch für alle hörbar.

**Er:** »Wo ist denn schon wieder die Grillzange?«

**Sie:** »Die habe ich neulich weggeräumt. Du lässt ja alles einfach rumliegen, deine Socken zum Beispiel. Und ich räum' den Mist dann in den Schrank.«

Er geht schweigend ins Haus und kommt bald darauf mit leeren Händen wieder.

**Sie:** »Na, wo ist den jetzt die Grillzange?«

**Er:** »Keine Ahnung. In der Sockenschublade war sie jedenfalls nicht.«

## Ordnung muss rein

**Sie:** »Räumst du das noch weg?«
**Er:** »Was denn?«
**Sie:** »Na, deine stinkenden, verschwitzten Sportsachen hier.«
**Er:** »Nee, die sollen doch gleich in die Wäsche.«
**Sie:** »Na, und wann TUST du sie in die Wäsche?«
**Er:** »Ich muss doch eh da vorbei, wenn ich in die Waschküche muss. Was soll ich sie da noch mal quer durch die ganze Wohnung zum Wäschekorb tragen?«
**Sie:** »Aha. Und wann GEHST du also in die Waschküche?«
**Er:** »Äh, noch nicht. Der Wäschekorb ist noch nicht voll.«

· · · · · · · · · · · · · · · · · · · · · · · · · · · · · · · · · · · · · · ·

## Kopf oder Stiel?

Zwei Studenten haben Freunde zum Essen in die Wohnung des einen eingeladen. Während die Gäste sich am Tisch warmtrinken, werkeln die Gastgeber in der Küche. Plötzlich hält **der eine** inne und fragt:
»Von der Petersilie, nimmt man da die Blätter oder die Stängel?«
**Der andere:** »Hm, Stängel, glaube ich.«

## Koch auf Bestellung

Früher Sonntagabend. Ein Paar hängt matt vor dem Fernseher.

Fragt **sie:** »Wann kochst du eigentlich mal wieder was?«
**Er:** »Hm?«
**Sie,** sich enthusiastisch aufsetzend: »Ich finde, du könntest heute mal etwas für uns kochen. Der Kühlschrank ist voll mit allem Möglichen.«
**Er,** betont freundlich: »Wonach ist dir denn? Italienisch? Asiatisch? Gut bürgerlich?«
**Sie,** motiviert: »Oh, asiatisch wäre toll. So ein leckeres Curry, wie du's schon mal ...«
Er verschwindet in die Küche. Bald darauf kommt er wieder und legt ihr einen Stapel Speisekarten von asiatischen Take-aways hin.
»Hier, der Thai ist der beste. Der macht auch Curry.«

· · · · · · · · · · · · · · · · · · · · · · · · · · · · · · · · · · · · · ·

## In der Kompostier-Bar

Ein Paar in der gemeinsamen Wohnung, abends.
**Er:** »Tschüs dann.«
**Sie:** »Du gehst noch raus?«
**Er:** »Ich treff mich noch mit Kumpels im Meyer's, hab ich doch gesagt.«
**Sie:** »Nimmst du bitte den Müll mit?«
**Er,** entsetzt: »Ins Meyer's?«

## Jeder Punkt zählt

Ein Vater beim Wickeln seines Baby-Söhnchens im Badezimmer. Das Telefon klingelt.

**Vater:** »Ach Mist, das ist bestimmt die Werkstatt, wegen des Autos.«
**Mutter:** »Dann geh doch eben ran, ich mache hier weiter.«
**Vater:** »Nix da, das könnte dir so passen! Hier meinen Windel-Credit abstauben!«

· · · · · · · · · · · · · · · · · · · · · · · · · · · · · · · · · · · · · ·

## Unterschichtenfernsehen

Sie und er bei ihm im Bett.
**Sie:** »Wo ist denn die Fernbedienung?«
**Er:** »Wahrscheinlich irgendwo da auf dem Boden.«
**Sie:** »In der oberen oder der unteren Schicht?«

## Die ist echt putzig

Ein Paar diskutiert die Einstellung einer Putzfrau.

**Sie:** »Heute hat sich eine vorgestellt. Machte einen ganz ordentlichen Eindruck.«

**Er,** nur mäßig interessiert: »Aha. Wie alt?«

**Sie:** »So Mitte 20. Hat früher für eine Kollegin von mir gearbeitet. Die war sehr zufrieden.«

**Er:** »Und, ist sie nett?«

**Sie:** »Wer, meine Kollegin?«

**Er:** »Nein, die Putze.«

**Sie:** »Erstens heißt das Reinigungskraft. Und zweitens: Interessierst du dich eigentlich überhaupt dafür, wie sie putzt?«

**Er:** »Reinigt.«

**Sie:** »Was?«

**Er:** »Wie sie reinigt. Du hast gesagt, es heißt Reinigungskraft. Also muss es auch heißen: wie sie reinigt. Und natürlich interessiert mich das. Also, wie reinigt sie denn so?«

**Sie:** »Keine Ahnung. Muss man ausprobieren.«

**Er:** »Na, dann probieren wir's. Ist sie wenigstens hübsch?«

## Die Spurensicherung findet Fremdhaar

**Sie** kommt morgens aus dem Bad und fragt in vorwurfsvollem Ton: »Sag mal, sind das deine Haare, da im Abfluss?!«

**Er** geht ins Bad, kommt mit ein paar Haaren zwischen Daumen und Zeigefinger wieder und sagt: »Die hier könnten von mir sein. Die anderen sind zu lang.«

· · · · · · · · · · · · · · · · · · · · · · · · · · · · · · · · · · · ·

## Lokus Pokus

Ein Paar in der gemeinsamen Wohnung. Abendliches Gespräch beim Essen.
**Sie:** »Putzt du eigentlich auch mal das Klo?«
**Er:** »Natürlich. Wenn es dreckig ist.«
**Sie:** »Ich habe irgendwie den Eindruck, dass immer nur ich das Klo putze.«
**Er:** »Na, dann ist es ja kein Wunder, dass es immer so sauber ist.«

## Verdammtes Gesocks!

**Sie** fegt wie eine Furie durch die Wohnung und schreit: »Wenn ich noch EINMAL deine Scheißsocken hier rumfliegen sehe, dann SCHMEISSE ICH DIE SOFORT IN DEN MÜLL!«
**Er**, ehrlich dankbar: »Super, ich brauch eh mal neue!«

..........................................

## Ist ihm so rausgerutscht

Ein Paar kehrt nach getrennt erledigten Einkäufen – sie im Baumarkt, er in der Drogerie – in die gemeinsame Wohnung zurück. Sie geht mit ihren schmutzigen Händen ins Bad und ruft von dort: »Wo hast du denn die neue Handseife hingetan?«
**Er:** »Was für Handseife?«
**Sie:** »Na, du warst doch im Drogeriemarkt, und die Seife war seit Tagen alle.«
**Er:** »Hat mir keiner gesagt.«

## Wohnungs-Heil, meine Führerin!

Ein Mann und eine Frau reden über die schlimmsten TV-Sendungen.
**Sie:** »Oder diese Home-Improvement-Kacke. Da kommt dann Tine Wittler zu dir ins Haus und sagt dir, wo du dein Sofa hinstellen sollst.«
**Er:** »Tine Hitler würde ich gar nicht reinlassen in mein Haus, bei dem Namen.«

• • • • • • • • • • • • • • • • • • • • • • • • • • • • • • • • • •

## Das beste Gewürz: Die Stimme einer Frau

Mann und Frau essen Pizza, die gerade vom Pizza-Service gebracht worden ist.
**Er:** »Hmmm, wenn du die Pizza bestellst, schmeckt die immer viel besser.«

## Alles völlig in (Un-)Ordnung

Eine Frau und ihr Freund kommen von einem Besuch zurück in ihre gemeinsame Wohnung.

**Sie:** »Ist dir aufgefallen, wie gemütlich das bei denen ist? Woran liegt das wohl? Gut, die haben schöne Möbel, aber manche sind sogar die gleichen wie bei uns. Und trotzdem ist das bei denen irgendwie gemütlicher.«

**Er:** »Da liegt viel rum, bei denen.«

**Sie:** »Ja, aber das ist so eine wohnliche Unaufgeräumtheit bei denen. Gemütlich halt.«

Er zieht sein T-Shirt aus und legt es über die Sofalehne.

**Er:** »Ich geh mal duschen.«

**Sie** in scharfem Ton: »Und das T-Shirt?!«

**Er:** »Wieso? Ist doch wohnlich unaufgeräumt.«

## Das Grauen in der Waschmaschine

Ein Paar im Drogerie-Markt. Er sieht die meiste Zeit nur zu, wie sie Dinge aus den Regalen in den Wagen räumt. Dann bleibt er plötzlich am Waschmittel-Regal stehen, schaut sich interessiert mehrere Produkte an, um dann mit großer Zufriedenheit eine Packung Persil Waschpulver mit »Anti-Grau-Formel« in den Wagen zu stellen. Seine Frau schaut ihn völlig irritiert an.

**Sie:** »Wofür brauchst du das denn? Deine Tennissocken kriegst du damit auch nicht wieder weiß.«

**Er:** »Papperlapapp, Tennissocken. Ich habe doch so viele schwarze T-Shirts. Die sind vom vielen Waschen schon so grau geworden. Und damit kriege ich das wieder hin!«

## Der Espresso-Express

Ein Paar im Streit über seine Espressomaschine.

Montag.

**Sie:** »Wolltest *du* nicht dieses Mal die Espressomaschine entkalken?«

**Er:** »Doch, klar. Aber dafür muss ich mir richtig Zeit nehmen. Das dauert.«

Dienstag.

**Sie:** »Was ist jetzt mit der Espressomaschine?«

**Er:** »Jaaa, ich sage doch, das dauert. Mache ich am Wochenende.«

Samstag.

**Er:** »Hä? Die Maschine muss ja gar nicht entkalkt werden.«

**Sie:** »Weil ich sie vorgestern vor der Arbeit noch eben entkalkt habe.«

**Er,** grummelig: »Ich sage ja immer, ihr Frauen habt einfach zu viel Zeit.«

## Beim Putzen geplatzt

Ein Paar ist gerade in der gemieteten Ferienwohnung auf Mallorca angekommen. Sie sichtet die Küche, er den Fernseher.

**Sie,** gewichtig empört: »Boah, hier ist überall nicht gewischt worden.«

**Er,** mindestens ebenso gewichtig empört: »Die Sender sind auch alle verstellt.«

Sie wischt, er stellt Sender ein.

**Sie:** »Iiigitt, Ameisen hat's hier auch. Wie kriegt man die denn weg? Also, für länger?«

**Er:** »Da weiß ich 'ne blitzsaubere Lösung: Backpulver ausstreuen.«

**Sie:** »Aha. Backpulver. Und wieso? Was bringt das?«

**Er:** »Na, das fressen die Biester, das Zeug quillt auf, und die platzen. Fertig, aus.«

**Sie:** »Na, das ist ja wirklich blitzsauber, du Schwachmat.«

## Save Water, save the Planet!

Ein Mann geht morgens ins Bad.
**Seine Frau** sagt: »Aber bitte nicht wieder so lange duschen. Ich will auch gleich noch rein. Außerdem ist das die totale Wasserverschwendung. Was man damit alles machen könnte.«
Als der Mann nach einer Viertelstunde das Bad verlässt, sagt **sie:** »Das hat ja wieder ewig gedauert.«
Sie schließt die Tür, kurzes Geraschel ist zu hören, dann ihr Schrei: »WAS IST DAS DENN?«
**Er:** »Ich habe den Stöpsel reingesteckt beim Duschen. Jetzt kannst du dir überlegen, was du mit dem Wasser noch alles machen willst.«

## Kartoffelfressende Pflanzen

Ein Paar räumt nach dem gemeinsamen Mittagessen in der Küche auf.

**Er:** »Die restlichen drei Kartoffeln kann ich doch wegtun, oder?«

**Sie:** »Na, das müsste man denen in der Sahel-Zone mal erzählen. Die hungern da, und du schmeißt hier das Essen in den Müll.«

**Er:** »Fürwahr, fürwahr. Aber Durst haben die auch. Dann muss man denen auch erzählen, wie viele Liter Wasser du jede Woche in deine bescheuerten Zierpflanzenpötte kippst.«

· · · · · · · · · · · · · · · · · · · · · · · · · · · · · · · · · · · · · · · · ·

## Heute schon die Wollmäuse gefüttert?

Der Hausflur einer Mietskaserne. Ein junger Mann geht mit Clipboard und Stift von Tür zu Tür und klingelt. Im vierten Stock öffnet ihm ein verschlafen aussehender Mittvierziger mit Stoppelbart und »Alex Athletics«-T-Shirt.

**Mieter:** »Ja, wat denn?«

**Besucher:** »Guten Tag. Ich komme von der Marktforschung. Nur ein paar ganz kurze Fragen: Haben Sie Haustiere?«

**Mieter** kratzt sich am Kopf, brummelt: »Nu ja. Bestimmt, irgendwo ...«

## Das Runde muss ins Dreckige

Samstagnachmittag. Er will Fußball gucken, sie putzt und räumt auf.

**Sie:** »Kannst du gleich das Wischen übernehmen? Nur Wohnzimmer, Schlafzimmer, Küche. Bad und Flur hab ich schon.«

**Er,** schaut genervt auf die Uhr: »Maaann, warum bleibt so'n Scheiß immer an mir hängen?!«

**Sie,** entrüstet: »Nu hör aber auf. Ich hab den ganzen Rest geputzt und muss jetzt noch die Wäsche aufhängen.«

**Er,** plötzlich in anschmiegsamem Ton: »Ach komm, da macht doch so ein bisschen Wischen den Kohl auch nicht mehr fett.«

......................................

## Schweineschwänzchen beim Abendessen

Ein Mann und seine Freundin, frisch zusammengezogen, beim gemeinsamen Abendbrot. Sie hat etwas Aufschnitt und Käse aufgetischt sowie Tomaten und Radieschen, alle gewaschen, geschnitten und von Strünken befreit. Er schaut missmutig die Radieschen an.

**Er:** »Die sind ja noch gar nicht fertig.«
**Sie:** »Wie bitte?«
**Er:** »Bei meiner Mutter zu Hause waren da immer noch Öhrchen und ein Ringelschwanz dran!«

## Zeit des Erhitzens

Ein Mann zu Besuch bei seiner neuen Freundin.
**Sie:** »Ich hüpfe nur noch schnell unter die Dusche. Heizt du schon mal den Backofen auf 220 Grad vor?«
**Er:** »Klar, logisch. Kein Problem.«
Als sie kurze Zeit später unter der Dusche steht, kommt er an die Badezimmertür.
**Er:** »Sag mal, wie oft muss ich das denn jetzt umdrehen?«
**Sie:** »Na, einfach auf die Temperatur stellen.«
Einige Sekunden vergehen.
**Er,** aus der Küche: »Oje, ist das richtig, dass das jetzt anfängt zu ticken?!
**Sie,** klitschnass aus der Dusche stapfend: »Ja, das ist okay, denn das ist bloß der eingebaute Küchenwecker. HIER stellst du die Temperatur ein!«
**Er:** »Hey du siehst toll aus, so nackt und nass.«

· · · · · · · · · · · · · · · · · · · · · · · · · · · · · · · · · · · ·

## Das muss er ganz ehrlich einräumen

**Sie:** »Sag mal, wieso lässt du die Tassen und Teller eigentlich immer oben auf der Spüle stehen, anstatt sie direkt in den Geschirrspüler zu räumen?«
**Er:** »Wenn ich die Spülmaschine aufklappe, muss ich sehen, wie kreuz und quer und unökonomisch du Geschirr einräumst, und das regt mich so auf, dass ich die Klappe lieber gleich ganz zulasse.«

## Shoppen mit Augenmaß

Ein Pärchen bei Ikea.
**Er:** »Guck mal, dieses Sideboard wäre doch super für den neuen Fernseher.«
**Sie:** »Das ist kein Sideboard, sondern ein ...«
Sie schaut auf das angehängte Schild.
**Sie:** »... sondern ein Phonomöbel. Und wo willst du das im Wohnzimmer hinstellen?«
**Er:** »Na, auf den leeren Fleck zwischen Tür und Heizung.«
**Sie:** »Da ist kein leerer Fleck, da steht der Zeitschriftenkorb.«
**Er:** »In dem hauptsächlich deine Frauenzeitschriften liegen.«
**Sie:** »Und deine Technikkataloge. Im Übrigen ist das Teil etwa einen halben Meter zu breit für diese Stelle.«
**Er:** »Ach was, komm, wir nehmen das jetzt.«
**Sie:** »Außerdem passt der Karton nicht auch noch ins Auto.«
**Er:** »Dann gehst du in ein Café, und ich hole dich später ab.«
**Sie,** schnippisch: »Wenn du das zu große Phonomöbel zurückbringst?«
**Er:** »Ach, vielleicht hole ich dich auch nicht wieder ab.«

## Haushaltshilfeschrei

**Sie:** »Kannst du dich nicht auch mal um unsere Wäsche kümmern?«
**Er:** »Klar, kein Problem. Aber könntest du sie vielleicht vorher für mich sortieren? Ich vertu mich da immer, und hinterher wasche ich wieder ein Top von dir klein ...«
**Sie:** »Also gut.«
**Er:** »Und könntest du auch das Waschmittel einfüllen? Wenn ich das mache, beschwerst du dich immer, es wäre zu viel und hätte Schlieren gemacht. Oder es war zu wenig, und die Wäsche riecht dir nicht frisch genug. Ach ja, und wenn du vorher noch das Programm einstellst, heißt es hinterher auch nicht wieder, ich hätte nicht das Öko-Programm gewählt oder so.«
**Sie:** »Und was machst du dann noch?«
**Er:** »Na, ich stelle sie dann zu gegebener Zeit an.«
**Sie:** »Räumst du sie dann auch zu gegebener Zeit aus?«
**Er** zieht die Luft durch die Zähne: »Ich fürchte, das werde ich vorm Sport nicht mehr schaffen.«

## Wiederbelebung am toten Objekt

Eine Frau kommt aus dem Urlaub zurück und klingelt beim Nachbarn, um sich fürs Blumengießen zu bedanken.

**Er,** zerknirscht: »Kein Problem. Aber ich muss dir etwas beichten: Die Pflanze im Schlafzimmer konnte nicht mal ich wieder aufpäppeln, die hat's hinter sich. Die sah aber auch schon vorher übel aus.«

**Sie:** »Ich habe doch gar keine Pflanze im Schlafzimmer. Da ist doch nur dieser Strauß Trockenblumen ...«

. . . . . . . . . . . . . . . . . . . . . . . . . . . . . . . . . . . . . .

## In der Küche den Dreh raus

Ein frisch gebackenes Ehepaar sucht für das neue Eigenheim eine Einbauküche. In einem edlen Küchenstudio gefällt ihr am besten eine Küchenzeile, die zu Werbezwecken auf eine Drehscheibe montiert ist.

**Sie:** »Die ist es. Die will ich.«

**Er:** »Hast du'n Knall? Was das kostet! Und wer will denn eine Küche, die sich dreht? Da fallen wir doch um beim Kochen.«

## Eine ganz Wüste

Ein Mann kommt beim Bedienen der Waschmaschine nicht klar. Seine Frau steht daneben, weigert sich aber zu helfen.

**Sie:** »Ich habe dir das so oft erklärt, bestimmt zehn Mal. Ich sage dazu jetzt nichts mehr.«
**Er:** »Aber das sind meine Hemden, wenn ich die verwasche, kann ich nicht mehr ins Büro.«
**Sie:** »Pech.«
**Er:** »Du bist die totale Dienstleistungswüste!«

. . . . . . . . . . . . . . . . . . . . . . . . . . . . . . . . . . . . . . .

## Sein Müll, ihre Kippe

Eine Frau hat Besuch von ihrem Freund in ihrer Wohnung.

**Sie:** »Was ist eigentlich mit den Sachen, die du hier bei mir stehen gelassen hast? Den alten Heimtrainer, die Playstation, die Bücher?«
**Er:** »Was soll denn damit sein?«
**Sie:** »Willst du die nicht mal wieder mit nach Hause nehmen?«
**Er:** »Meinst du, ich schrotte mir damit meine Wohnung zu?«

## Wo ist hier der Fensterstandsanzeiger?

Als sie morgens in die gemeinsame Küche kommt, empfängt er sie mit vorwurfsvollem Blick.
**Er:** »Hast du das Fenster in der Küche aufgemacht?«
**Sie:** »Ja, auf Kipp. Es müffelte etwas.«
**Er:** »Wann war das?«
**Sie:** »Gestern Abend. Kurz bevor du nach Hause kamst.«
**Er** (bitter): »Ich habe gestern Abend die Heizung aufgedreht, und die ganze Zeit stand parallel das Fenster offen!«
**Sie:** »Tja, dumm. Dann hättest du wohl besser mal überprüft, ob das Fenster geöffnet ist, was?«
**Er** (anklagend): »Es war dunkel. Du hättest mir eben sagen müssen, dass das Fenster auf Kipp ist!«

· · · · · · · · · · · · · · · · · · · · · · · · · · · · · · · · · · · · · ·

## Vorsicht mit dem Seifenschäler!

Vorbereitungen fürs Abendessen.
**Sie:** »Kannst du mal bitte eben die beiden Zwiebeln schälen und würfeln?«
**Er:** »Geht nicht, ich habe gerade erst geduscht.«
**Sie:** »Hä?«
**Er:** »Na, dann stinken meine Finger so.«
**Sie:** »Dann nimmst du halt gleich die Edelstahlseife ...«
**Er:** »Zum Zwiebelschälen?«

## Die Waschmaschine umkrempeln?

Ein Mann will in einem Sportgeschäft einen Satz Fußballtrikots kaufen. Gemeinsam mit dem Verkäufer wählt er ein Modell und eine Beflockung aus und geht an die Kasse.
**Verkäufer:** »Die Trikots waschen Sie am besten auf links, wegen der Beflockung.«
**Der Mann,** bestürzt: »Ui, da weiß ich aber gar nicht, ob unsere Waschmaschine so etwas kann.«

........................................

## Es heißt schließlich Spülbürste

Eine Frau und ihr Freund beim Abwasch. Sie spült, er trocknet ab. Zuerst verwendet sie eine Bürste, dann einen Schwamm. Plötzlich blickt sie sich suchend um.
**Sie:** »Wo ist denn die Spülbürste?«
Im selben Moment hält er die Bürste – säuberlich abgetrocknet – in die Luft und fragt: »Wo kommt die hin?«

## Gefühltes Vermögen

Ein Lederjacken-Paar im Discount-Markt ihres Vertrauens. Es gibt Streit um den Kauf einer Mini-Stereo-Anlage.
**Sie:** »Die wo wir haben, tut's doch super.«
**Er:** »Aber die hier hat mehr Wumms. Und unsere ist schon was oll.«
**Sie:** »Ach komm, brauchen wir nicht.«
**Er:** »Jetzt pass aber mal auf, immerhin verdiene ich hier das Geld!«
**Sie,** staubtrocken: »Du bekommst Hartz IV, ich verdiene jeden Monat 1000 Euro. Was willst du?«
**Er,** sich umschauend, dann leise schimpfend: »Also, dein Geld, ja, dein Geld geht ja wohl fast komplett für Miete und Versicherung und so drauf. Also verdiene ich ja wohl, was wir hier ausgeben, ja?!«

........................................

## Ganz knifflige Kartonage

Eine Frau schafft nach einem Umzug schwere Kartons auf den Dachboden. Ihr Freund kommt dazu und bietet an: »Wenn du irgendwelche Hilfe brauchst, sag es einfach.«
**Sie:** »Du könntest mir helfen, die Kisten hochzutragen.«
**Er:** »Nee, sorry, dafür habe ich jetzt gerade den Kopf nicht frei genug.«

## Aufs Saugen vertrauen

Er sitzt im Wohnzimmer und isst einen Apfel, mehrere Kerne fallen auf den Boden. Sie steht dabei, sieht das und tippt mit dem Fuß auf, damit er die Teile aufhebt.
**Er:** »Na, was denn? So was tritt sich doch nicht fest, das kannst du doch morgen prima wegsaugen!«

• • • • • • • • • • • • • • • • • • • • • • • • • • • • • • • • • • • • • •

## Will sie sich verziehen?

Sie kommt stolz nach einem Einkaufsbummel zurück in die gemeinsame Wohnung und präsentiert ihrem Freund ihre Eroberungen.
**Sie:** »Und, hier, guck. Ein total geiler Korkenzieher, den sogar ich ganz easy bedienen kann.«
**Er,** alarmiert: »Wozu das? Willst du mich loswerden?«

# DER FÄHRT IMMER SPITZE!

**Männer und Technik**

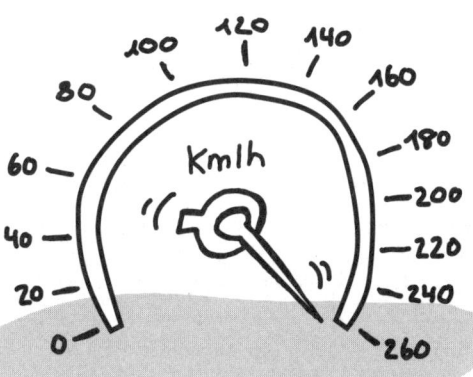

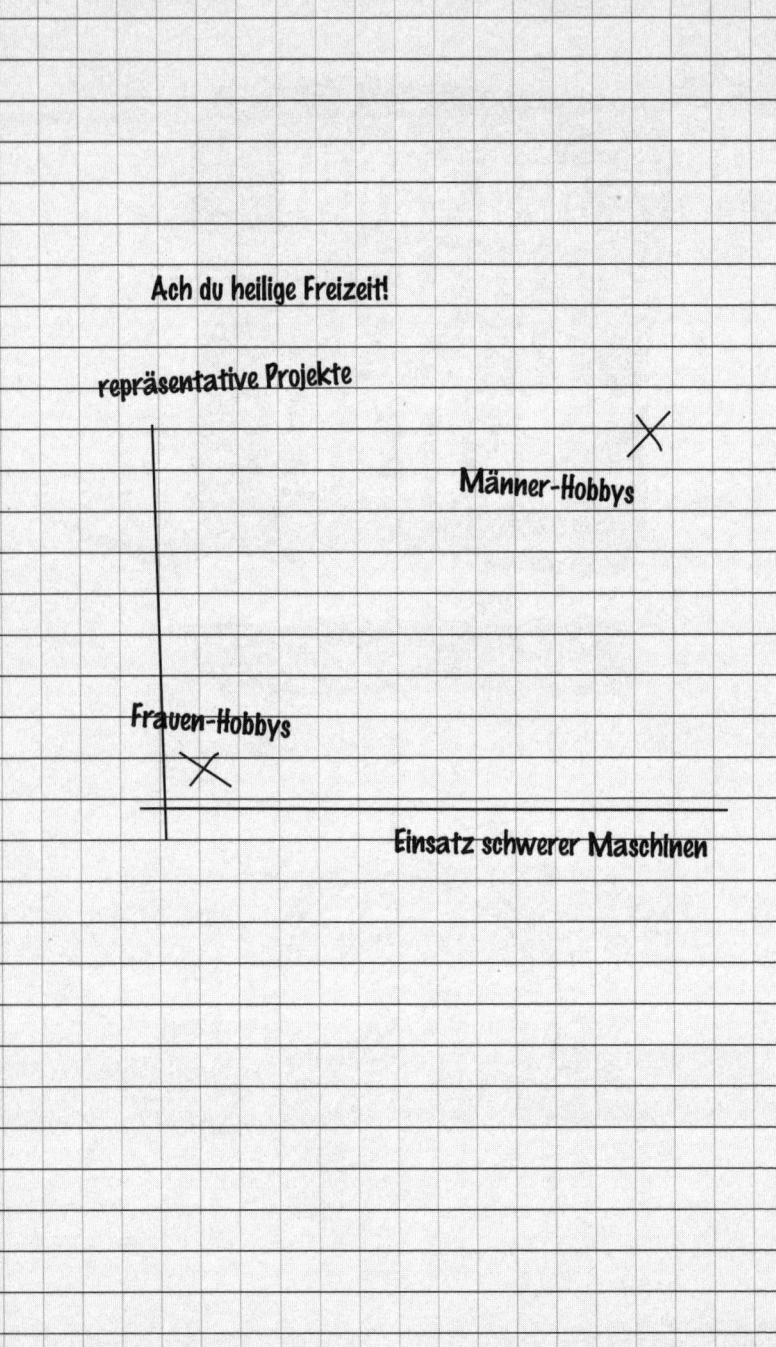

Technik ist für den Mann der Ausweg aus jeder Alltagsfalle, seine Flucht aus Profanien. Lästiges Rasieren erledigt er mit innovativer Sonic-Technologie, der Anruf bei Mama wird durchs iPhone erst so richtig interessant, die Schrecken der Hausarbeit tunt er sich mit Designerküche und Dyson-Staubsauger schön. Das Wort »Bagger« lernt der kleine Mann vor »Brust«, obwohl er die meiste Zeit seines Lebens an der Letzteren, nicht am Ersten hängt (hoffentlich). Auch flächendeckendes Bombardement mit Puppen und Plüschtieren in der Kindheit kann es nicht verhindern: Jungs stehen einfach auf Motor und Mechanik.

Der Ursprung von Mannis Technomanie? Die Gründe dafür? Im Dunkeln. Vielleicht die Gene? Oder die Hormone? Die Werbung? Jedenfalls deutet einiges in der Forschung darauf hin, dass die Jungs bereits mit einer Technik-Grundausstattung zur Welt kommen, während die Mädels eher eine kleine Puppen-Aussteuer mitbringen. Männliche Begeisterung für alles Technische hängt vielleicht weniger mit Schaltkreisen und Tasten zusammen als mit dem Zweck, den sie erfüllen. Der Mann ist oft allein und auf sich gestellt, hilflos im Dschungel der Zivilisation, immer in Bewegung, immer irgendwie auf der Jagd – und, ja: vielleicht auch auf der Flucht. Technik hilft ihm, gut zu sein in dem, was er tut und tun muss. Und wenn gar nichts mehr funktioniert, wenn Mann ganz unten ist, ist sie ein prima Vehikel, um doch mal ein paar Sätze mit dem Kumpel zu wechseln:

»Neuer Laptop, Alder? Zeig mal her!«

## Spielend leicht zu bedienen

Am Flughafen München. Ein Anzugträger bestaunt das neue, vom Arbeitgeber finanzierte iPad des anderen.

**Anzugträger 1:** »Was ist denn das für 'ne App?«

**Anzugträger 2:** »So'n Textverarbeitungsding. Habe ich aber noch nie benutzt.«

**Anzugträger 1:** »Aha. Und das hier?«

**Anzugträger 2:** »So'n spezieller Terminplaner. Weiß auch nicht mehr, warum ich den gekauft habe.«

**Anzugträger 1:** »Ach, und dies?«

**Anzugträger 2:** »Ehrlich gesagt: Keine Ahnung.«

**Anzugträger 1:** »Und was für Spiele hast du?«

**Anzugträger 2,** plötzlich total übereifrig und begeistert: »Ja, pass auf, die sind in einem Extra-Ordner. Darf ich mal? Also, hier, das sind die Sportspiele, da Geschicklichkeit, das ist Ballerkram, und da sind die Adventures ...«

## Wie geschmiert

Zwei Typen in der Frühstückspause, Cafeteria eines Stuttgarter Verlagshauses.

**Der eine:** »Ja, und dann wollte sie plötzlich gar nicht mehr. Nur noch Gequietsche und Gejaule, kaum noch gerührt.«

**Der andere:** »Au, Scheiße! Haste dann gemacht?«

»Was ich in so einem Fall immer mache: Die Dose mit dem Fett geholt und ordentlich alles eingeschmiert.«

»Und, ging wieder?«

»Wie 'ne Eins. Ging ohne Probleme auf höchste Drehzahl, die Gute.«

· · · · · · · · · · · · · · · · · · · · · · · · · · · · · · · · · · · ·

## Der kleine Mäc-User

Zwei kleine Männer (ca. 7 oder 8 Jahre) sitzen im Bus (offensichtlich unterwegs zu McDonalds).

**Der eine:** »Wie findest du eigentlich den Hamburger Royal TS?«

**Der andere:** »Ich find eigentlich alle Computer geil!«

## Spitzenleistung

Ein Garagenhof. Ein junger und ein älterer Mann stehen neben einem aufgemotzten, tiefer gelegten VW Polo.
**Der Ältere:** »Und wat fährt der Spitze?«
**Der Jüngere:** »Der fährt immer Spitze.«

..........................................

## Ganz flache Rate

Ein Handyshop in Frankfurt/Main. Ein junger Mann, Typ Murat, lässt sich beraten. Es geht um ein Smartphone.
**Er** fragt: »Kann isch mal ausprobieren?«
**Der Berater:** »Klar. Kann ich dafür mal Ihre SIM-Karte haben?«
»Wie, Karte? Isch dachte, isch hab jetz alles Flatrate?«

..........................................

## Lärm-Schwärmen

An einer roten Ampel spielt ein Harley-Fahrer mit dem Gas.
In eine der Pausen hinein fragt eine grauhaarige Radfahrerin, freundlich, aber mit mahnendem Unterton: »Das ist aber ganz gut laut, was?«
**Der Harley-Fahrer** nickt stolz: »Jau. Total gut.«

## Beförderungsmittel

Ein Mann mittleren Alters sitzt im Servicebüro eines Elektronik-Großmarkts und hat eine defekte Kaffeemaschine zurückgebracht. Er ist ziemlich sauer.
**Kunde:** »Mit Ihnen rede ich jetzt einfach nicht mehr. Ich will Ihren Chef sprechen.«
**Service-Mitarbeiter:** »Ich bin hier der Chef.«
**Kunde:** »Dann warte ich eben, bis Ihre Kollegin hier befördert wird.«

·········································

## Ganz Ohr, kein Text

Ein Mann telefoniert per Handy an einer Bushaltestelle.
»Klar habe ich dem seine Nummer, Mann. Klar, ich schicke dir die per SMS. Kein Problem. Soll ich ... Ach, echt? Coole Sache. Aha, erzähl ... Wahnsinn. Hab ich was? Ob ich dir die SMS ...? Alter, wie denn, du Vollhorst?! Du laberst mich doch hier die ganze Zeit voll, wie soll ich dir denn da eine SMS schicken?!«

## Auto-Didaktor

Ein älterer Mann, eine junge Frau und das BMW-Cabrio des Mannes. Sie darf fahren und hat gerade den Kopf fürs Öffnen des Verdecks gedrückt.

**Er:** »Es fängt an zu regnen.«

**Sie:** »Soll ich wieder zumachen?«

**Er:** »Nein, Süße. Drück einfach den Knopf für Sonnenwetter auf der Mittelkonsole.«

## Nur ein Spiel

Eine WLAN-Party in einer abgedunkelten Turnhalle.
Drei Jungs, die gemeinsam ein Team in einem Ballerspiel bilden, rufen sich über die Rechner hinweg Befehle zu.
**Spieler 1:** »Halt drauf, Alter. Mach den Wichser platt.«
**Spieler 2:** »Mach ich ja, mach ich ja. Aber der Wichser will voll nicht kaputtgehen.«
**Spieler 3:** »Dann musst du den Wichser härter angehen. Vielleicht ist er geil auf dich, fickst du ihn eben von hinten.«
**Spieler 2:** »Alter, der Wichser ist nicht geil auf mich, der schießt auf mich mit einer Bazooka!«
**Spieler 1:** »Dann frag den Wichser doch, ob er dich mal an seiner Bazooka lutschen lässt.«
**Eine weitere Stimme** schaltet sich ein, offenbar jemand vom gegnerischen Team: »Der Wichser kommt gleich mal da rüber und lässt euch eure Zähne mit gebrochenen Händen aufheben.«
Stille.
**Spieler 2:** »Ich glaube, der Wichser ist jetzt *richtig* sauer.«

## Für so was hat er ein Ohr

Zwei Kumpel bei dem einen zu Hause. Der Gastgeber präsentiert seine neue E-Gitarre mit kleinem Verstärker.
**Gast:** »Und, wie ist der Sound?«
**Gastgeber:** »Völlig okay zum Rumdüdeln. Ich will damit ja nicht auf Tournee gehen.«
**Gast** hängt sich die Gitarre um und zupft an den Saiten: »Aber irgendwie geil wäre es schon, damit mal live zu spielen, so vor 1000 Leuten. Und dann so'n totalen Klassiker raushauen. So ›Let's pee in the corner, Let's pee in the spotlight, loosing my Religion‹ von REM oder so.«

· · · · · · · · · · · · · · · · · · · · · · · · · · · · · · · · · · · · · · ·

## GPiSsoir

Die Toilette in einer Büroetage. Eines von drei Pinkelbecken ist besetzt, eine der beiden Kabinen ebenfalls. Plötzlich tönt aus der besetzten Kabine eine unterkühlte **Frauenstimme:** »GPS-Signal verloren.«
**Der Mann** am Pissoir: »Alter, findest du jetzt nicht mal mehr aufs Klo ohne das Ding?!«

## Der Hochweg 66

Zwei Männer mit Kugelbäuchen und viel Brusthaar unter den Polohemden stehen vor einem Harley-Davidson-Shop und bewundern andächtig die dort ausgestellte Maschine.
**Der eine:** »So eine in Schwarz, mit viel Chrom. Das wär's doch.«
**Der andere:** »Genau. Und damit dann quer durch die ganze USA. Immer schön die A66 runter.«

........................................

## Total abgefahren, der Zug

Ein ICE der deutschen Bahn. Ein Sonnenbankabonnent mit Hollister-Shirt klopft verärgert gegen die »2« an einer Tür und mault: »Verdammte Scheiße, ich lauf hier jetzt schon durch den ganzen Zug. Das kann doch nicht sein, dass das immer noch Wagen 2 ist!«

........................................

## Mit dem Fernseher telefonieren

Zwei Halbstarke auf einer Parkbank. Der eine führt sein neues Smartphone vor. Er zeigt Filme auf Youporn. Sein Kumpel schaut begeistert, dann verfinstert sich sein Gesichtsausdruck, und er fragt sehr beunruhigt: »Und wenn jetzt einer anruft? Das merkt der doch vielleicht!«

## Der gefällt ihm nicht mehr

Zwei Männer begegnen einander bei einem Geschäftstermin.
**Der eine:** »Hey, Nils? Wir sind doch Freunde über Facebook!«
**Der andere:** »Äh, waren wir. Ich habe dich gestern als Freund entfernt!«

. . . . . . . . . . . . . . . . . . . . . . . . . . . . . . . . . . . . . .

## Finger am Fon, macht kein' Ton

Zwei Goldkettchen-Gangster daddeln mit ihren Smartphones herum. Der eine versucht kurz, irgendwo anzurufen, gibt es aber schnell wieder auf.
**Der andere:** »Alter, wie schwul hältst du eigentlich dein Handy, ey? So mit der ganzen Hand, ey.«
**Der eine:** »Ja und, eh? Wie machst du das denn?«
**Der andere:** »Na, so. Mit zwei Fingern, Alter. Reicht voll.«
Er macht es schwungvoll vor, dabei fällt das Telefon scheppernd herunter.
**Der eine:** »Haha! Zwei Finger IM ARSCH, Alter!«

## Du, nur du allein/in Fressenbuch hinein

Kollegen im Gespräch über eine Facebook-Aktion ihrer Firma.
**Erster Kollege:** »Ich will ja auch gern was dazu posten. Aber immer wenn ich das mache, dann steht da das Firmenlogo daneben. Ich will aber als *ich* posten.«
**Zweiter Kollege:** »Du postest immer als *du*. Das ist genetisch.«
**Dritter Kollege:** »Dann müssen wir dich als Administrator löschen. Dann bist du wieder du und nur du.«
**Erster Kollege:** »Echt? Das könnt ihr einfach so machen…?«

• • • • • • • • • • • • • • • • • • • • • • • • • • • • • • • • • • • • • •

## It's a long way to the top

Ein Bürogebäude morgens um neun. Ein Mann mit Anzug und Aktentasche betritt den Aufzug im Erdgeschoss, stellt sich hinten mit dem Rücken an die rechte Seitenwand und starrt geradeaus. Ein weiterer Mann in Jeans und Outdoor-Jacke stellt sich grußlos in den Fahrstuhl vorn links und starrt ebenfalls geradeaus. So stehen sie bestimmt eine Minute. Dann knurrt der im Anzug laut: »Was hat das Scheißding denn NUN schon wieder?«
In dem Moment betritt eine Frau in Rock und Sakko den Aufzug, sagt fröhlich: »Guten Morgen!« und drückt auf den Knopf mit der »2«. Die Türen schließen sich, der Lift fährt los.

## Es werde grünes Licht!

Eine Fußgängerampel vor dem Gebäude der Arbeitsagentur. Ein Normalo-Typ in Lederjacke und Slippern schlendert ganz in Gedanken zum Kontaktknopf, der bereits leuchtet, und reibt mit der Hand darüber.
Der stoppelbärtige Zopfträger mit Bier-Logo-Kappe und Rucksack, der bereits dort steht, blafft ihn an: »IST DOCH SCHON GEDRÜCKT! Schneller geht's davon auch nicht.«
Der Normalo zuckt zusammen und geht ein paar Schritte zur Seite. Als die Ampel nach einer Minute immer noch nicht grün ist, geht der Zottel zum Knopf und klatscht ein paar Mal mit der Handfläche darauf. »Nu mach hinne, du Drecksscheißpiss-Laterne!«

·············································

## Amtliches Kennzeichen: RUMMS!

Eine Kreuzung in einem Industriegebiet. Auffahrunfall zwischen einem Ford und einem Opel mit Wohnwagen. Der Ford ist in den Wohnwagen gerauscht. Hinten am Wohnwagen hängt ein handgemaltes Schild: »Vorsicht! Bremsleuchten sind defekt!«
**Der Opelfahrer:** »Gottverdammt noch mal, hammse denn das Schild nicht gelesen?«
**Der Ford-Fahrer:** »Was meinste denn, warum ich so nah rangefahren war?!«

## Jaja, die noch viel modernere Technik

In der Apotheke. Die junge Angestellte soll das Medikament eines älteren Herren in den Computer eingeben. Ihr heftiges Tippen auf den Bildschirm – ein Touchscreen – erzeugt lautes Klacken und lässt den Monitor wackeln.
**Der ältere Herr,** gönnerhaft: »Na, will er nicht? Jaja, die moderne Technik. Kleiner Tipp: Versuchen Sie doch mal die Tastatur.«

• • • • • • • • • • • • • • • • • • • • • • • • • • • • • • • • • • • • • • • • • • •

## (Da geht das) Rad ab

Vatertag. Zwei Männer auf einer Radtour.
**Der Schlanke:** »Nu, komm, tritt mal ein bisschen in die Pedale, du Radwurst!«
**Der Pummelige,** schnaufend und todernst: »Dafür kann ich nix, das liegt am Fahrrad. Das ist nun mal so langsam.«

## Watt hasse gesacht?

Zwei Baseballkappenträger sitzen vor dem tiefer gelegten Golf des einen und checken den Sound der neuen HiFi-Anlage des Wagens bei extremer Lautstärke.

**Der eine:** »Alter, das ist so geil. Bier trinken, abhängen und dabei 200 Watt auf den Ohren.«

**Der andere:** »Nee, Watte bringt da nichts, das geht da einfach durch.«

..........................................

## Heftiges TV-Programm

Eine Frau räumt die Wohnung um, in der sie mit ihrem Freund lebt. Dafür wuchtet sie den großen Fernseher unter sichtlicher Anstrengung von einer Kommode auf einen Tisch. Er kommt rein, sieht das und ruft: »Hey, bist du verrückt, das schwere Ding allein zu schleppen?!«

**Sie,** erleichtert und dankbar: »Ja, wäre echt super, wenn du mir hilfst, das tut echt weh im Rücken ...«

**Er,** gar nicht mitleidig: »Wie, helfen? Ich meine nur: Wenn der runterfällt, ist der hin, so ein Teil kostet 800 Euro!«

## Total ballerballer

Ein herrlicher Sommertag. Er sitzt an seinem Schreibtisch am Computer, Joystick in der Hand, Knopf im Ohr, verbissenes Gesicht.

**Sie:** »Es ist traumhaftes Wetter. Wollen wir nicht rausgehen?«

**Er:** »Geht grad nicht.«

**Sie:** »Du kannst das doch auch später fertigmachen. Komm, es ist sooo schön draußen.«

**Er,** den Blick starr auf den Monitor gerichtet: »Verdammt, verstehst du nicht: Wenn ich rausgehe, dann sterbe ich!«

**Sie:** »Hach, du immer mit deiner Sonnenangst. Dann creme dich halt ein, und wir bleiben im Schatten, aber ...«

**Er,** ausrastend: »VERDAMMTE SCHEISSE, DER FEIND STEHT SCHON IN DEN STRASSEN! WENN WIR DAS DING JETZT HIER NICHT DURCHZIEHEN, DANN GEHEN WIR DRAUF, MEINE JUNGS UND ICH!«

## Der neue Teppichrasierer

Ein Mann kommt nach Hause und bittet seine Frau, mit in die Tiefgarage zu kommen, es gebe dort eine Überraschung zu bestaunen. Sie folgt ihm nach unten, und er präsentiert einen riesigen, neuen Sitzrasenmäher.
**Sie:** »Aber, Schatz ... Wir haben doch gar keinen Garten ...?!«
**Er:** »Ich weiß, ich weiß. Aber das war ein so supergeiles Sonderangebot, den musste ich einfach kaufen!«

........................................

## Geschenk mit Weit- und Fernsicht

Ein sonniger Tag im Mai. Ein Mann überreicht seiner Freundin ein großes Paket zu ihrem Geburtstag. Sie packt es freudig erregt aus und ist etwas irritiert, als es sich als kleiner Farbfernseher entpuppt.
**Sie:** »Oh, wow. Das ist ja ..., wie kommst du denn ..., also, hey, wow! Danke!«
**Er,** stolz: »Ich dachte, damit du während der WM auch mal fernsehen kannst.«

## Kalendereintrag: Sunday, Bloody Sunday!

Samstagnachmittag im gemeinsamen Wohnzimmer. Ein Mann tippt auf seinem Smartphone herum, seine Frau liest.

**Sie:** »Was machst du da eigentlich?«

**Er:** »Ich gehe hier in der Kalenderfunktion die nächsten Wochen durch und schaue, wie ich meine Termine lege. Wann ich auf Geschäftsreise gehe und so.«

**Sie:** »Aha.«

**Er**, im selben nüchternen Tonfall wie zuvor: »Sag mal, wann hast du noch mal deine Tage? Monatsende oder -anfang?«

· · · · · · · · · · · · · · · · · · · · · · · · · · · · · · · · · · · · · · · · · · · · · · ·

## Der Tag, an dem sie das Licht ausfallen ließ

Ein Paar in der Ferienwohnung in Spanien. Sie frickelt in der Küche, er sieht fern. Plötzlich: Alles dunkel, alles aus. Der ganze Ortsteil stockschwarz. Ein Stromausfall.

**Er:** »Verdammte Axt, was hast du denn jetzt schon wieder gemacht?!«

## Der guckt blöd

Ein älterer Herr in seinem Toyota an der Ausfahrt einer Autowerkstatt will auf die Straße fahren. Dabei muss er einen Rad- und einen Fußweg überqueren, die beide sehr gut einzusehen sind. Dennoch überfährt er fast eine junge Radfahrerin, die von links kommt. Nach der scharfen Bremsung will er weiterfahren, ohne noch einmal zu gucken, und fährt so einem jungen Mann auf dem Fußweg leicht gegen den Oberschenkel.
**Fußgänger:** »Heeey, Sie müssen auch mal nach rechts gucken.«
**Der Autofahrer** kurbelt das Fenster und ruft: »Arschloch! Ich kann doch unmöglich in *alle* Richtungen gucken!«

........................................

## Der stinkende Chef

Die Toilette einer Büroetage. Zwei Männer stehen an den Pinkelbecken. Plötzlich ertönt aus einer der Kabinen ein Handy-Klingeln, gefolgt von hektischem Gekrame und leisem Fluchen. Dann sagt eine Männerstimme leise: »Hallo, Schatz, du, ich kann grad nicht. Bin gerade auf dem Weg zum Chef, und der ist stinkig!«

## Alles auf Rand und Band

Freitagabend. Ein junges Paar am Telefon.
**Er:** »Wie, du gehst heute aus? Dann sehen wir uns ja wieder nicht.«
**Sie:** »Pech. Aber da sind Leute, die ich lange nicht gesehen habe.«
**Er:** »Mich hast du auch lange nicht gesehen.«
**Sie:** »Ach, jetzt fang nicht wieder damit an. Ich muss los. Bis morgen.«
**Er:** »Jetzt leg nicht wieder einfach auf!«
Sie legt auf.
Er ruft sofort wieder an, Anrufbeantworter. Er lässt eine Moralpredigt vom Stapel.
Nach einer Weile klickt es, ihre Stimme unterbricht ihn: »Juppiduh!« Ein Klacken. Besetztzeichen.
Er rastet komplett aus, ruft wieder an, brüllt auf den AB: »SO KANNST DU NICHT MIT MIR UMSPRINGEN, DU MISTSTÜCK! DAS LASSE ICH MIR NICHT GEFALLEN. GEH RAN, ICH WEISS, DASS DU DA BIST! UND SPAR DIR DEIN BESCHISSENES JUPPIDUH, DU SCHLAMPE!«
Wieder das Klicken. Wieder »Juppiduh!« Wieder Klacken. Wieder Besetztzeichen.
Er explodiert wieder, ruft wieder an, brüllt weiter auf Band, beschimpft sie, fordert, sie solle rangehen.
Klick. »Juppiduh!« Klack. Besetztzeichen.
So geht das noch ein paar Mal, bis er schließlich aufgibt.
Am nächsten Morgen ruft sie ihn an, er geht nicht dran.
Sie spricht auf seinen AB: »Sag mal, was war denn mit dir

los gestern? Ich habe hier zig Nachrichten von dir, eine heftiger als die andere. Ich war wirklich nicht da, hörst du? Juppiduh ist das Endsignal für meine Nachrichten, das kann ich selbst aufsprechen. Kennst du so was nicht?«
Klack.

## Männer und Familie

# Die lieben Nachbarn

Was er erzählt

Was sie erzählt

Was die Nachbarn erzählen

Die Wahrheit über seine Qualitäten als Hausmann (Ehemann, Vater,...)

»Ich will dich heiraten.«
»Ich will, dass du die Mutter meiner Kinder wirst.«
»Lass uns eine Familie gründen.«
Im Leben eines Mannes kann es sehr lange dauern, bis er begreift, dass dies nicht bloß Sprüche sind, mit denen man eine Frau rumkriegen kann.
Und dass es vor allem keine Sprüche bleiben müssen. Dann sitzt der Mann da, entweder nachts um drei das schreiende Baby auf dem Schoß schuckelnd oder abends um neun an den Algebra-Aufgaben des Sohnes verzweifelnd, und denkt: »Früher bin ich um die Zeit um die Häuser gezogen, verdammt.« Oder auch: »Alter, WAS ist eigentlich passiert?«
Es kann noch viel länger dauern, vielleicht bis er Großvater ist, bis er eine Antwort auf diese Fragen bekommt. Bis er endlich begreift, dass diese Dinge wichtiger sind als das Um-die-Häuser-Ziehen oder das Rumkriegen einer Frau.
In der Zwischenzeit wirkt so mancher Mann, als sei er zufällig eines Nachmittags in diese Familie hineingeraten – und als habe dieses unfreiwillige, lebenslange Praktikum ihn von Beginn an überfordert. Und doch spürt er in vielen Momenten, dass es das Wichtigste sein könnte, das ihm im Leben passiert ist. Dann lächelt er in sich hinein und freut sich an der Liebe seiner Lieben.
Nicht zu lange, selbstverständlich. Denn natürlich nimmt er dieses Familiending todernst.
Da kann man dann auch schon mal laut werden.

## Dornsöhnchen wachgebasst

Ein Modegeschäft in Hamburg.
Ohrenbetäubende Musik stampft aus den Boxen.
Ein Vater kommt mit seinem schlafenden, etwa dreijährigen Sohn herein.
**Ein Verkäufer** ruft: »Kann ich Ihnen helfen?«
**Der Vater:** »Machen Sie schon.«
Er wippt das Kind im Takt der dröhnenden Musik, der Kleine erwacht mit irritiertem Blick.
**Der Vater** zum Jungen: »Na, also. Ich wusste gar nicht, wie ich dich wachkriegen soll. Wir wollten doch Schuhe kaufen. Da pennst du einfach in der S-Bahn ein.«
Und zum Verkäufer sagt er: »Danke.«
Dann geht er mit dem Jungen hinaus.

## Bruderliebe

Zwei etwa 17-Jährige unterhalten sich.
**Der eine** ereifert sich: »Alter, ich habe auf dem Handy von meinem Bruder voll die Hardcore-Pornos gefunden. Und auch auf seinem PC. Alter, der ist 14! Was geht denn da ab? Wie reagiert man denn darauf?«
**Der andere:** »Tja, die Jugend! Ich würd dem aber nicht direkt stecken, dass du die Dinger auf seinem Handy gefunden hast. Ist ja voll das Rumschnüffeln. Verwickel ihn doch einfach mal in ein Gespräch über Pornos, was er so darüber denkt und so.«
**Der erste:** »Alles klar! Ich sprech meinen Bruder an und stell dem Fragen über Pornos. Hör mal, geht's noch? Ich bin doch nicht dem seine Mutter, Alter.«

·········································

## Sie heißt Immobilie

Zwei Männer auf einer Bank im Park.
**Der eine:** »Was hältst du eigentlich von diesem Spruch: Ein Mann soll ein Haus bauen, einen Baum pflanzen und einen Sohn zeugen?«
**Der andere** überlegt, sagt dann: »Das kann jeder halten, wie er will. Ich wäre auch mit einer Tochter zufrieden.«
»Wie, kein Haus?«

## Vatti ist zu Hause!

Das Löwengehege im Duisburger Zoo.
**Eine Mutter** zu ihrer fünfjährigen Tochter: »Guck, da kommt der Papa von dat kleine Löwenbaby.«
»Jaaa«, kräht die Kleine begeistert. »Der kommt vonne Schicht und bringt uns allen 'ne totale Scheißlaune mit.«

................................

## Nur Dilettanten hier

Ein Wohnviertel in Bochum. Eine Nachbarin zerrt einen etwa zehnjährigen Jungen zu einem Haus und klingelt an der Tür. Ein Mann, offenbar der Vater des Jungen, öffnet.
**Die Frau:** »Der hat schon wieder bei uns die Blumen plattgetreten.«
**Der Vater** zu seinem Sohn: »Na, das ist ja mal wieder typisch. Jetzt darf ich den Mist wieder ausbaden, den du machst. Und warum? UND WARUM? Weil du dich ERWISCHEN lässt. Weil du dich IMMER WIEDER erwischen lässt, verdammt noch mal!«

## Und wann ist Kindertag?

Eine Familie – Vater, Mutter und ein etwa sechsjähriger Junge – unterhält sich in der S-Bahn.

**Vater:** »Denk du mal lieber dran, dass am Sonntag Muttertag ist.«
**Sohn:** »Hab schon längst was.«
**Mutter:** »Ach, komm.«
**Sohn:** »Gibt's eigentlich auch Vatertag?«
**Vater:** »Klar!«
**Mutter,** lachend mit Blick auf den Mann: »Da machen wir für'n Papa auch ein schönes Geschenk. Irgendwas mit viel Flüssigkeit und Kopfschmerztabletten und so.«
**Sohn,** kleinlaut: »Mama, wünschst du dir auch Tabletten?«

## Oma und ihr Umzugslaster

Ein Mann und ein kleiner Junge beim Spaziergang.
**Der Sohn:** »Papa, warum willst du nicht, dass Oma kommt?«
**Vater,** bestürzt: »Wer behauptet denn so was?«
**Sohn:** »Mama hat gesagt, wenn die Oma für ganz lange zu uns kommt, hat bestimmt der Papa was dagegen.«
**Vater:** »Die Mama meinte bestimmt, dass ich nicht will, dass die Oma zu lange kommt und wir uns irgendwann alle auf die Nerven gehen.«
**Sohn:** »Aha. Wie lange ist denn zu lange?«
**Vater:** »Wie lange wolltest du denn, dass die Oma kommt?«
**Sohn,** freudestrahlend: »Ich wollte, dass die für immer zu uns kommt.«
**Vater,** kiefermahlend: »Das ist ziemlich genau zu lange.«

............................................

## Guckt wie ein Auto

Bringzeit im Kindergarten.
**Vater 1:** »Ist das Ihrer, der da vor dem Eingang alles blockiert?«
**Vater 2:** »Nee, wir sind heute mit dem Fahrrad hier.«
**Vater 1:** »Ich meinte Ihren *Sohn!*«
**Vater 2:** »Der ist auch mit dem Fahrrad hier.«

## Dschungelkönig rockt nicht

Abends in der S-Bahn. Eine junge Frau unterhält sich mit einem älteren Ehepaar, wohl ihre Eltern, über ein eben besuchtes Musical.
**Tochter:** »Und wie fandest du's jetzt, Papa?«
**Vater:** »Ooch, na ja. War mir zu wenig Action.«
**Mutter:** »Aber wo die da so an den Seilen über uns hingen, das war doch toll.«
**Vater:** »Ja, schon. Aber dieses ganze Märchen drumrum muss ich nicht haben.«
**Tochter:** »Ach, Papa! Was erwartest du denn? Wo TARZAN draufsteht, ist auch Tarzan drin.«

......................................

## Das Kreuz mit den Kindern

Ein Vater und sein knapp vierjähriger Sohn.
**Vater:** »Sollen wir Römer spielen?«
**Sohn:** »Au ja, komm. Ich nehme den Speer, und du bist Jesus ...«

## Teckt schmoll!

Vater zu seiner dreijährigen Tochter: »Hey, was isst du denn da?«
»Pockporn.«
»Hm, geil. Äh: lecker!«

.......................................

## Bildung ist erblich

Eine Familie mit ihrem etwa zwölfjährigen Sohn im Zoo. Vor einer Schautafel, auf der das Geburtsgewicht einiger Tiere verglichen wird, bleibt die Mutter stehen.
**Mutter** zu ihrem Sohn: »Guck mal, 500 Gramm. Wie viel ist das in Kilo?«
**Sohn** überlegt lange. Dann: »Na, genau ein Kilo.«
**Vater:** »Schwachsinn! Das is'n Pfund. Wie'n normales Päckchen Butter!«

## White Power

**Ein etwa Vierjähriger** fragt seinen Vater: »Papa, was ist ein Rassist?«
**Vater:** »Das ist einer, der andere Menschen nicht mag, weil sie zum Beispiel eine andere Hautfarbe haben. Das ist aber ganz doof.«
**Sohn:** »Warum?«
**Vater:** »Na, weil alle Menschen gleich sind. Nimm mal hier die Gummibärchen. Ist das rote Gummibärchen etwa besser als das grüne?«
**Sohn:** »Nee, aber die weißen sind die besten!«

................................................

## Lass das mit dem Wasser!

Eine öffentliche Herrentoilette. Der Raum ist länglich, zu beiden Seiten Aluminium-Pinkelbecken, am Ende eine Klokabine. Aus der Kabine kommt zögerlich ein kleiner Junge, dessen Vater selbst gerade Wasser lässt.
**Vater:** »So, Adrian. Jetzt erst mal schön abziehen und dann auch mal die Hose zumachen. Und danach schön die Hände waschen, aber mit Seife.«
Der Junge tut, wie ihm geheißen, zieht ab, macht die Hose zu und steuert dann zielstrebig auf die Alu-Pinkelbecken zu.
**Vater:** »Nein, Adrian. DA waschen wir uns mal nicht die Hände heute.«

## Schwere Bergetappe

Vater, Mutter und ein etwa zehnjähriger Junge bei einer sommerlichen Radtour. Eine kleine Straße, die steil bergauf führt. Der Vater hat seine Hand auf dem Rücken des Jungen. Die etwas rundliche Frau kämpft mit rotem Kopf schnaufend gegen den Anstieg.
**Mutter:** »Meinst du nicht, dass das für den Jungen zu steil ist?«
**Vater:** »Wieso, ich halte einfach meine Hand auf seinen Rücken und schiebe ein bisschen.«
**Mutter** (scherzend): »Vielleicht hätte ich auch gern eine Hand auf dem Rücken, die mich ein bisschen schiebt.«
**Vater** (todernst): »Und wer lenkt dann mein Rad?!«

. . . . . . . . . . . . . . . . . . . . . . . . . . . . . . . . . .

## Das Patriarchat im Prekariat

Vor dem Discounter haben sich ein paar Obdachlose eingerichtet. Eine Jogginganzug-Familie mit deutlich erkennbarer RTL2-Credibility kommt aus dem Markt. Das Kind bleibt stehen und betrachtet die Stadtstreicher.
**Der Vater:** »Chantal, komm weg da von die Assis!«

## Auch Mamas haben Nüsse

In der S-Bahn, früher Mittag. Ein Paar in Jeans und Lederjacken fortwährend im zischelnden Streit. Der etwa fünfjährige Sohn – blaues Brillengestell, Turnschuhe, Haare an den Seiten kurz rasiert – hört sich das Gezanke eine ganze Weile an und starrt angestrengt aus dem Fenster. Schließlich wendet er sich den beiden zu und sagt: »Mama, lass jetzt Papa in Ruhe, sonst reiß' ich dir deine Nuss ab.«

..........................................

## Die Folgen der Aufrüstung

Ein etwa fünfjähriger **Junge** kommt zu seinem Vater ins Wohnzimmer und fragt mit nachdenklichem Gesicht: »Du, Papa, in dem Lied heißt es: ›Da nahm der Koch den Löffel und schlug den Hund zu Brei.‹ Was ist denn da gemeint?«

**Der Vater:** »Ach das ist nur so ein Lied. Aber früher gab es wirklich Eltern, die ihre Kinder mit dem Kochlöffel gehauen haben, weißt du. Das ist heute zum Glück nicht mehr so.«

Der Gesichtsausdruck des Jungen wechselt von erstaunt über grübelnd zu triumphierend, und er sagt: »Ja, weil ich habe nämlich zwei Schwerter und eine Propellerpistole und ganz viele Playmobil-Ritter. Da TRAUT ihr euch das nämlich nicht mehr!«

## Der bringt es voll – also: das Kind

Elternabend im Kindergarten. Väter und Mütter diskutieren die Situation beim morgendlichen Bringen und beim nachmittäglichen Abholen der Kinder.
**Erster Vater:** »Also meine Frau und ich teilen uns ja in Bringer und Abholer. Ich bringe morgens. Von daher kann ich zum Abholen nicht so viel sagen.«
**Zweiter Vater,** beipflichtend: »Ich bin auch voll der Bringer.«

..........................................

## Blühendes Verständnis

Ein Mann und seine Frau im Auto unterwegs, um seine Eltern zu besuchen.
**Sie:** »Halt doch mal eben hier an, damit wir noch ein paar Blumen besorgen können.«
**Er:** »Was soll denn der Blödsinn? Meine Mutter hat doch den ganzen Garten voller Blumen.«

## Die Frau fürs Familien-Leben

Eine Frau teilt ihrem Mann mit, dass sie die Trennung wünscht. Der ist fassungslos, am Boden zerstört. Das Erste, was er sagt: »Das geht nicht. Wie soll ich das denn meinen Eltern erklären?«

..........................................

## Wer mit einer Sau verheiratet ist ...

Die gesamte Familie sitzt beim gemeinsamen Sonntagsmittagmahl – Oma, Opa, Sohn, Schwiegertochter und die beiden Enkel.
**Die Großmutter** zur Schwiegertochter: »Ach, schön, dass es dir immer so schmeckt. Dein Mann isst ja weiß Gott nicht alles. Das war schon früher so, als er noch klein war.«
**Sohn** zu seiner Frau: »Ja, du haust wirklich ordentlich rein. Du bist eben unser kleines Mastschwein.«

## Alter Papa – reicher Knacker

Ein kleiner Junge sitzt auf seinem Hochbett und lässt eine Playmobilfigur auf den Fußboden fallen. Sein Vater, Ende 30, kommt gerade an der Kinderzimmertür vorbei.
**Junge:** »Papa, kannst du mir den mal grade aufheben?«
**Vater,** gespielt schwächelnd: »Kannst du das nicht selbst? Muss sich dein armer, alter Vater für dich bücken?«
**Junge,** entrüstet: »Aber Papa! Du bist doch nicht arm!«

## Männer und Frauen

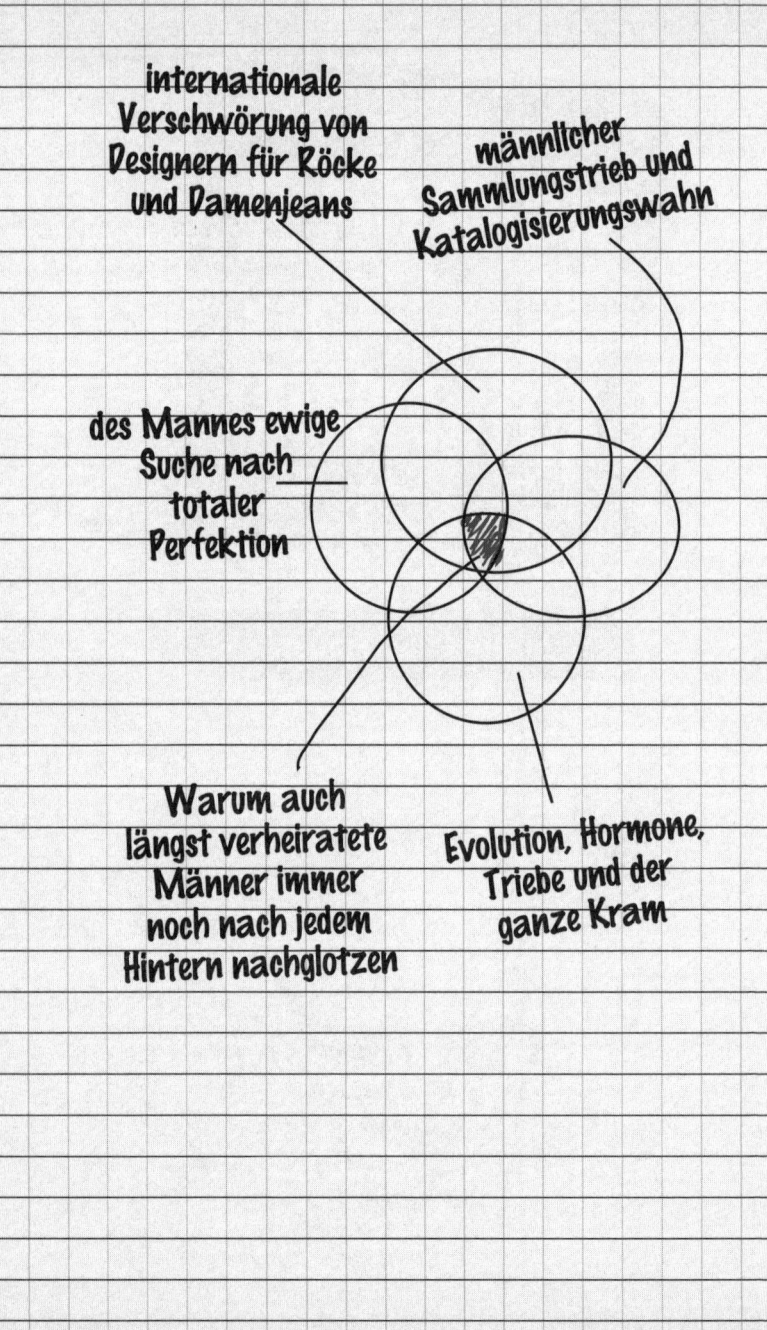

Hamburg in den späten Neunzigern. Ein Soziologiestudent hat für sein Projekt zum Thema »Mann-Frau-Kommunikation« eine ebenso geniale wie einfache Idee: Mit einem tragbaren High-End-Aufnahmegerät und einem speziellen Radio-Mikrofon begibt er sich in eine große, sehr gut besuchte Szene-Bar.

Sein Plan: Er will die Gespräche in dem Raum aufzeichnen – allerdings nicht die einzelnen Dialoge, sondern die Gesamtheit der Gespräche, ihr Grundrauschen. Danach möchte er mit ausgefeilter Technik herausfiltern, ob die hohen Frequenzen überwiegen oder die tiefen. Also Frauen- oder Männerstimmen. Um endlich die Frage zu klären, wer denn nun tatsächlich mehr redet – Männer oder Frauen.

Der junge Mann betritt also das Lokal, baut an einem eigens reservierten Tisch in der Mitte seine Technik auf – und wird nach wenigen Minuten von einer hübschen Studentin angesprochen, die fragt: »Hey, na, du machst doch bestimmt irgendwas mit Medien oder so?« Beide kommen ins Gespräch, verlieben sich, heiraten. Das Projekt geht den Bach hinunter. Aber die Aufnahme ihres ersten stundenlangen Dialoges ist dem Mann bis heute heilig. Eindeutige Erkenntnis: Die Frauenstimme überwiegt ...

Die Feldforschung steckt jedenfalls nach wie vor in den Kinderschuhen. Was wir mit Sicherheit wissen: Männer und Frauen und ihre Gespräche – das ist in jeder Hinsicht schwierig. Was wir aber auch wissen: Wenn Männer reden, dann besonders häufig mit Frauen.

Was nicht immer zu beider Vorteil ist.

## Seniorenstift

Ein junger Kerl mit Basecap und Stoppelbart ruft einem anderen zu: »Und, haste die Alte klargemacht gestern?«
**Der andere:** »Logo, ganz easy!«
**Der erste:** »Respekt, Alter. Wär das meine Oma, könnte die allein einkaufen gehen. Hau rein!«

........................................

## Kann der nicht drüber lachen

Vor dem Mario-Barth-Auftritt im Stadion.
Zwei Frauen unterhalten sich.
**Die eine:** »Mein Mann findet den überhaupt nicht witzig.«
**Die andere:** »Wieso das denn nicht?«
**Die eine:** »Der meint, die Witze von dem Mario hätten alle so'n Bart.«

## Alles vorbei. Fast.

Zwei junge Männer in der S-Bahn.
**Der eine:** »Dann mach halt Schluss mit der.«
**Der andere:** »Eh, nee. Ich lieb die noch voll, eh!«
»Dann ruf sie an, ob sie heute Abend mitwill.«
»Ey, nee, ich kann die nicht mehr sehen. Echt nicht.«
»Dann mach halt Schluss mit der.«
»Ist vielleicht besser.«

........................................

## Gesichtspflege

Ein Paar beim Shoppen.
In einem Schuhgeschäft sitzt er gelangweilt auf einem Stuhl und bohrt in der Nase. **Sie** kommt dazu und zischt ihn tadelnd an: »Jetzt nimm halt den Finger aus der Nase!«
**Eine ältere Dame,** die danebensitzt, mischt sich ein: »Ach, junge Frau, Sie wissen doch, Männer bohren nicht in der Nase. Sie massieren ihr Gehirn.«

## Lust auf Keifbeutel?

Samstagmittag im Discounter. Ein Paar Mitte 30 an der Kühltruhe. **Sie:** »Guck mal, hier gibt es Maultaschen.«
**Er:** »Wenn ich 'ne Maultasche will, muss ich bloß dich ansehen!«

. . . . . . . . . . . . . . . . . . . . . . . . . . . . . . . . . . . .

## Wer bin ich jetzt?

Auf dem Standesamt. Der Mann nimmt bei der Hochzeit den Namen seiner Frau an. Als es ans Unterschreiben der Dokumente geht, fragt der Neugatte verwirrt: »Unterschreibe ich jetzt eigentlich mit meinem oder mit ihrem Namen?«
**Der Standesbeamte,** sehr geduldig und freundlich: »Wieso sollten Sie denn mit meinem Namen unterschreiben?«

## Kein Kleid, keine Hochzeit

29. April 2011. Der Tag der königlichen Hochzeit zwischen Prinz William und Kate Middleton. Es ist kurz vor zwölf, die Stunde der Wahrheit.

Ein Mann trifft eine Kollegin auf dem Flur.

**Er,** überrascht: »Nanu, du guckst ja gar nicht?«
**Sie:** »Wieso, ist das Kleid denn schon zu sehen?«
**Er:** »Das Kleid? Wieso?«
**Sie:** »Ich will nur ihr Kleid sehen.«
**Er:** »Der heiratet doch nicht das *Kleid!*«

· · · · · · · · · · · · · · · · · · · · · · · · · · · · · · · · · · · · · · · ·

## Wer ist Nico?

An der Bar im Squash-Center.
Zwei Männer Mitte 30 sitzen vor alkoholfreiem Weizen.
**Der eine:** »Und bei dir so?«
**Der andere:** »Okay.«
»Zu Hause?«
»Okay.«
»Arbeit?«
»Okay.«
»Das mit dir und Nico?«
**Der andere,** komplett ausrastend: »ZUM LETZTEN MAL: DAS GEHT DICH EINEN VERFICKTEN SCHEISSDRECK AN!!!«

## Haben Sie Pimpernellen?

Ein gut besuchtes Blumengeschäft in Hamburg.
**Ein Mann** kommt an die Reihe und sagt enthusiastisch: »Einen Strauß Blumen für meine Frau, bitte.«
Die ältere **Verkäuferin** fragt: »Und was für Blumen?«
**Der Mann** ist sichtlich überfragt und stammelt: »Nun, am besten, äh ...«
Die ungeduldige **Verkäuferin** schneidet mit der einen Hand resolut durch die Luft: »Dann frage ich anders. Wollen Sie ihr gratulieren, sich entschuldigen, sie trösten – oder wollen Sie sie 'rumkriegen?«
**Der Mann,** zugleich erschrocken und erleichtert: »Äh, entschuldigen *und* rumkriegen, bitte.«

• • • • • • • • • • • • • • • • • • • • • • • • • • • • • • • • • • • • •

## Widerspruch ausgebucht

Im Tierpark. Ein Paar hält vor einem Kleintiergehege.
**Er:** »Guck mal, Baumstachler.«
**Sie** (offenbar Schwäbin): »Des sin Präriehunde.«
Wenig später.
**Er:** »Toll, diese Kormorane.«
**Sie:** »Des isch ein Marabu.«
Wieder etwas später. Das Paar blickt in einen Teich.
**Sie:** »Des sin Koi-Karpfe.«
**Er:** »DAS HABE ICH AUCH NIE BEHAUPTET!«

## Nix von hinten!

Im Park. Eine junge Frau Typ Model geht in einer sehr weiten Bluse und einer noch weiteren Hose an einem Mann in Jeans und Sakko vorbei. Der dreht sich nach ihr um, sie sich im selben Moment nach ihm, sie sagt: »Gib dir keine Mühe, du *kannst* meinen Hintern nicht sehen!«

· · · · · · · · · · · · · · · · · · · · · · · · · · · · · · · · · · · ·

## Fett daneben gegriffen

Zwei Männer treffen sich zufällig am S-Bahnhof Altona.
**Der eine:** »Mann, hatte die einen fetten Arsch, da in der schwarzen Hose.«
**Der andere:** »Alter, das ist meine Freundin!«
**Der eine:** »Oh, äh. Wow. Ich meinte das gar nicht negativ. Ich steh voll auf dicke Ärsche.«
**Der andere:** »Alter, die hat keinen fetten Arsch!«
**Der eine:** »Oh. Ja, klar. Und ich steh auch nicht auf die.«

## Die Liebe ist ein Abflussrohr

Ein Spazierweg im Stadtwald. Eine Frau im Streit mit ihrem Freund – oder Ex-Freund – über seine Qualitäten als Mann.

**Sie:** »Du trinkst zu viel, du kiffst zu viel, du fluchst zu viel, du redest zu wenig, du arbeitest zu wenig, oder besser: gar nicht, du guckst zu viele Ballerfilme, du spielst zu viele Ballerspiele. Du bist ein Alptraum!«

**Er,** cool: »Hey Baby, dafür bin ich eine Granate im Bett.«

**Sie** lacht schallend: »Nein, im Bett bist du auch eine Niete.«

**Er,** kleinlaut: »Aber ich könnte dir den Abfluss in der Küche reparieren.«

. . . . . . . . . . . . . . . . . . . . . . . . . . . . . . . . . . . . . .

## Aus Neue mach Alte

In der U-Bahn-Haltestelle.
Zwei Turnschuh-Gangster sprechen übers vergangene Wochenende.
»Und was war noch mit der einen?«
»Hey, die Alte habe ich voll weggepimmelt, Digger!«
»Krass! Und jetzt?«
»Jetzt ist die weg, Digger.«
»Und jetzt?«
»Und jetzt, und jetzt! Jetzt brauch ich 'ne neue Alte, Digger!«

## Music was his first love ...

Ein Redaktionsbüro. Zwei Mitarbeiter sitzen sich an ihren Schreibtischen gegenüber.
**Der eine:** »Und, kommst du heute Abend mit auf das Konzert?«
**Der andere,** sichtlich in einem schweren Gewissenskonflikt: »Hach, ich würd schon gern ...«
»Aber?«
»... aber ich sollte auch mal wieder mit meiner Frau schlafen.«

## Das muss Liebe sein!

Ein junger Mann und seine Freundin, beide in Ed-Hardy-Klamotten und sonnenbankverwöhnt, streiten sich.
**Sie:** »Ach, fick disch!«
**Er:** »Fick disch selbst, Alter!«
**Sie:** »Sag mir nischt ›Fick disch‹, hörst du, sag bloß nischt ›Fick disch‹ zu mir!«
**Er** (lachend zu Umstehenden): »Eh, heut' Morgen schreit die noch ›Fick misch, fick misch‹ in mein Ohr. Und jetzt?«

## Der Vorschlag vor dem Zuschlag

Ein junger Mann versucht, bei einer hübschen Frau zu landen.
**Er:** »Du hast doch gesagt, du magst mich. Warum küsst du mich dann nicht?«
**Sie:** »Nee, Mann, ich sag doch, ich hab'n Freund.«
**Er:** »Und wenn wir den einfach mal fragen, ob er was dagegen hat...?«

• • • • • • • • • • • • • • • • • • • • • • • • • • • • • • • • • • • • • • • • •

## Come in and find out ...

Ein Straßencafé. Zwei übernächtigte Männer in Luxuslederjacken sitzen nebeneinander.
**Der eine,** stinksauer: »Jedenfalls hast du da verdammt noch mal nichts zu suchen!«
**Der andere,** dümmlich trocken: »Doch, Mann, ich sag' doch, ich hab was zu lesen gesucht, weil ich aufs Klo musste.«
**Der eine:** »Aber doch nicht in dem Zimmer, aus dem du das Kichern einer Frau hörst, die ich gerade ausziehe!«

## Sex oder nie!

Ein Mann und eine Frau im Bett. Erst knutschen sie, dann schiebt sie ihn zurück.

**Sie:** »Machste das eigentlich öfter?«
**Er:** »Was?«
**Sie:** »Na, so einfach eine mitnehmen aus der Disse?«
**Er:** »Na, nee. Nur, wenn die will.«
**Sie:** »Aha. Jedenfalls, ich wollte dir nur sagen: Ich will nicht mit dir schlafen. Alles andere ist okay.«
**Er:** »Alles klar. Kein Problem.«
Sie knutschen weiter, es wird heftiger. Schließlich drückt sie ihn wieder zurück.
**Sie:** »Aber ich will nicht mit dir schlafen!«
**Er:** »Ist ja gut. Ich ja auch nicht.«
**Sie:** »Ach, komm ...«
**Er:** »Was heißt hier ›ach, komm‹? Was bildest du dir eigentlich ein? Was bildet ihr Weiber euch eigentlich alle ein? Wie eingebildet muss man denn sein, um zu glauben, dass alle immer bloß mit euch ficken wollen? Sage ich vielleicht zu dir: ›Ich will aber nicht mit dir schlafen‹? Sage ich so was vielleicht?«
**Sie:** »Äh, nein. Reg dich ab. Ist ja okay. Ist doch gut, wenn du auch nicht willst.«
Schweigen.
Schließlich rollt sie sich an ihn heran und beginnt erneut ihn zu küssen. Die Sache entwickelt sich, wird wieder heftiger.
**Er:** »Haste nich doch vielleicht Lust?«

## Die Sternchen lügen nicht

Drei ziemlich angetusste junge Frauen und ein Mann mit Struppi-Frisur in einer Bar. Eine der Frauen liest den anderen aus der Zeitung ihre Horoskope vor. Der Mann macht sich fortlaufend in gehässiger Weise darüber lustig.
Schließlich sagt **die Vorleserin** zu ihm: »Okay, was ist dein Sternzeichen?«
**Er:** »Löwe.«
**Sie** (scheinbar vorlesend): »Löwe. Ihnen steht unerwartetes Glück ins Haus. Besonders auf sexuellem Gebiet tut sich einiges. Die für Sie entscheidende Frage: Ist in Ihrem Bett überhaupt Platz für vier Personen?«
**Er** (aufgeregt): »Nee, echt? Zeig' her!«

## Der totale Reißer

Zwei Jungs unterhalten sich über den Besuch im Freibad.
»Dann durft ich die auf 'nen Milchshake einladen, so als Entschuldigung, weil ich der immer so an den Haaren gereißt hab.«
»Gerissen.«
»Ja, ne? Voll clever. Hat die nicht gemerkt, dass das nur meine Masche war.«

## Lässt die Puppe tanzen

Ein Mann probiert in einem Szene-Klamottenladen Bermudashorts an. Kein Paar passt.
**Die Verkäuferin:** »Die in 34 hat die Schaufensterpuppe an.«
Sie beginnt, der Puppe die Hose auszuziehen, dabei kippt die Puppe um und fällt auseinander.
**Die Verkäuferin,** verlegen: »Oh Mist, sorry, ich mache das zum ersten Mal ...«
**Der Kunde:** »Ist doch cool. Puppen, die im Schaufenster die Hosen fallen lassen, kenne ich von der Reeperbahn. Aber dass die dabei ein Bein fallen lassen, sehe ich auch zum ersten Mal.«

## Keinen guten Schnitt gemacht

Ein Mann betritt ein Friseurgeschäft und sagt: »Einmal Haare schneiden, bitte!«
Eine der Mitarbeiterinnen, kurzhaarig, tätowiert, mehrfach gepierct, scheucht ihn um eine Säule, wo er an der Garderobe seine Jacke aufhängen soll. Dann fährt sie ihn an: »Ja, was machst du denn hier jetzt noch? Habe ich dir gesagt, dass du hier stehen bleiben sollst? War schon ein Friseur bei dir, um den Haarschnitt zu besprechen? Nein, also los, zackzack, ab auf deinen Platz.«
Später kommt eine andere Friseurin zu dem Mann und fragt: »Wie sollen wir denn schneiden?«
**Der Mann** (ängstlich): »Wir? Kommt Ihre Kollegin etwa noch mal?«

・・・・・・・・・・・・・・・・・・・・・・・・・・・・・・・・・・

## Der Name der Hose

Urlaubshotel, nachts. Ein Paar beim Sex, offenbar ein One-Night-Stand.
**Er:** »Uooh, ja! Michaela, Michaela! Jaaaah!«
**Sie:** »Heeey, ich heiße Melanie, verdammt.«
**Er:** »Oh, Mist. Scheiße, äh, sorry. Ich war so in Gedanken ...«

## Habemus sexum

Ein Paar debattiert über die katholische Kirche.
**Er:** »Also, isch find dat korrekt, dat dä Papst keine Kondome nimmt.«

........................................

## In the Ghetto: No Homework

Auf dem Schulhof. Eine etwa Elfjährige brüllt einem gleichaltrigen Mitschüler zu: »Eeeh, Murat, du kleiner Gangster. Kann ich bei dir Mathe-Hausaufgaben abschreiben?«
Der Angesprochene beeilt sich, zu ihr zu kommen, zieht sie in eine Ecke und zischt: »Ey, Täubschen, Gangster machen keine Hausaufgaben, klar?«

## Die spermageilen Milbenschlampen

Eine Frau und ein Mann landen knutschend im Bett. Als sie beginnt, ihn auszuziehen, sagt er »Moment!«, geht raus und kommt kurz darauf mit einem Handtuch wieder.
**Er:** »Können wir das vielleicht drunterlegen?«
**Sie:** »Äh, ich habe nicht meine Tage.«
**Er:** »Ich weiß, ich meine, es ist so: Ich habe mal so eine Sendung gesehen über Hausstaubmilben und andere Mikroorganismen. Und die leben in der Bettwäsche, egal, wie oft du die wäschst. Und die ernähren sich von Hautschuppen und Körperflüssigkeiten. Und das will ich nur ein bisschen eindämmen.«

......................................

## Jede Stimme zählt – verwählt

Ein junger Mann in Jeans und Kapuzenpulli telefoniert in der S-Bahn per Handy: »He, Selim. Du stinkende, schmierige, dreckige, klebrige, kleine Fotz ... Oh, Selina. Äh, sorry, da habe ich wohl ... Ach, nee, dich meinte ich doch gar ... Nein, ich habe nur den falschen Namen ... Eh, weißt du, du hast echt voll die schöne Stimme. Selina? Selina! Scheiße.«

## Wieder einen abgeschleppt

Ein älterer Herr diskutiert mit einem Mann vom Abschleppdienst, der gerade versucht hat, ein Audi Coupé abzuschleppen. Schüchtern daneben steht die junge, hübsche Begleiterin des Autobesitzers.

**Abschlepper:** »Sorry, aber wenn er am Haken ist, muss man zahlen.«

**Mann,** lachend mit Blick auf die Frau: »Das ist ja wie im richtigen Leben.«

. . . . . . . . . . . . . . . . . . . . . . . . . . . . . . . . . . . . . . . . . . .

## Multitalentprobe

Eine Frau und ein Mann im Auto, er fährt.

**Er:** »Männer können halt auch multitasken. Hier: Ich kann mich mit dir angeregt unterhalten und nebenbei einen Parkplatz suchen.«

**Sie:** »Und bist gerade schon am dritten freien Platz vorbeigerauscht.«

## Das lieben die anderen

Ein Paar in der Videothek sucht die passende DVD für den gemeinsamen Sofa-Abend.
**Sie:** »Wie wär's mit ›Das Leben der anderen‹?«
**Er:** »Boah, nee. Nicht schon wieder 'ne Romantic Comedy!«

....................................

## Die hat er gefressen

Ein Mann, drei Frauen in der Pommesbude.
**Mann:** »Du nimmst doch bestimmt die Riesen-Currywurst.«
**1. Frau:** »Was soll das denn heißen?«
**2. Frau:** »Er will dir sagen, dass du immer so viel frisst. Warum also nicht auch jetzt.«
**3. Frau:** »Weil du so fett bist.«
**Mann:** »Gar nicht wahr! Ich dachte nur, du hast so'n Hunger.«
**1. Frau:** »Ja, aber du denkst, dass ich nur von so ner Riesenwurst satt werde. Das implementiert, dass ich dick bin.«
**Mann:** »Impliziert.«
**1. Frau:** »Ja, total. (lacht) Frauen sind halt so. Total kompliziert.«

## Die perfekte Camping-Ausrüstung

Nachmittags auf dem Spielplatz. Zwei muslimische Mütter sitzen auf einer Bank, eine dritte gesellt sich dazu – in einer Burka. Ein etwa vierjähriger Junge sagt zu seiner (nicht-muslimischen) Mutter: »Mama, was macht der Mann da mit dem Zelt auf dem Kopf?«

. . . . . . . . . . . . . . . . . . . . . . . . . . . . . . . . . . . . .

## Teenage Grandma

Eine Clique Jungs, alle so um die 18 Jahre alt, im Kino. Es geht um Erfolge auf dem Flirt-Sektor.
**Der erste:** »Dann war die so 15. Und ich dachte, das wär 'ne ganz normale Frau.«
**Der zweite:** »Ist doch 'ne ganz normale Frau.«
**Der Dritte:** »Wat? Voll die Oma.«

## Sie steht auf Fuß-Sex

Ein junges Paar im Schwimmbad, beide höchstens 18. Gerade gab es Streit, jetzt ist er auf Versöhnungskurs.
**Er:** »Eh, komm, verzeih mir, bitte. Ich küss dir auch die Füße.«
Er beginnt damit, sie kichert.
**Sie:** »Aber auch die Zehen.«
Er küsst die Zehen.
**Sie:** »Und jede einzelne!«
**Er** (hört irritiert auf): »Wie jetzt, jede Eizelle?!«

........................................

## Hell's Engel

Ein Mann auf der Straße, komplett in schwarzem Leder, Nietenarmbänder, Stirnband, Fusselmatte, Spitzbart. Hinten auf der schwarzen Lederjacke steht: »Evil Angel«. Er telefoniert aufgeregt mit dem Handy. Plötzlich sagt er: »Aber Schnucki, ich bin's doch, dein Engelchen!«

## Pfeifenputzi

Ein Paar in seiner Ferienwohnung unterhält sich über das ältere Ehepaar im Haus gegenüber.
**Sie:** »Und morgens machen die ihre Vorhänge auf, und er setzt sich ans Fenster, holt seine Pfeife und macht sie an.«
**Er:** »Mit der ist er seit 30 Jahren verheiratet.«

• • • • • • • • • • • • • • • • • • • • • • • • • • • • • • • • • • • •

## Alles verSCHtanden, der Kleine

In einem Restaurant. Eine Mutter unterhält sich mit ihrem etwa vier Jahre alten Sohn, der wohl Probleme bei der Aussprache des »Sch« hat.
**Sohn:** »Mama, Opa sagt, Snaps ist ganz ungesund.«
**Mutter:** »Ja, das stimmt. Aber es heißt Schnaps mit Schschsch. Kannst du das auch sagen?«
**Sohn:** »Sssss. Sch. Schsch…«
**Mutter:** »Guuut. Und jetzt sag mal Schschsch-Naps.«
**Sohn:** »Sssss. Sch. Schsch… Snaps. Schsch… Naps.«
**Mutter:** »Toll! Und jetzt sag mal Schschschuh!«
**Sohn:** »Schschschuh.«
**Mutter:** »Super! Fallen dir noch andere Wörter ein?«
Der Junge ist ebenfalls total begeistert, zeigt auf die Deckenbeleuchtung und schreit aus voller Brust: »SCHSCH-LAMPE!«

## Der Ton und die Musik

An der Kasse bei Penny. Ein Mann soll 5,40 Euro bezahlen, verwechselt ein 1-Euro-Stück mit einer 20-Cent-Münze und gibt der Kassiererin 6,20 Euro. Als die ihn fragend ansieht, bemerkt er seinen Fehler und sagt: »Sorry, da habe ich mich wohl vergriffen.«
Die nassforsche **Kundin** hinter ihm: »Solange es nicht im Ton war, geht's ja, höhö.«
**Der Kunde,** in seinen Bart, aber hörbar: »Halt die Fresse, du Kackwalli.«

......................................

## Keinen vom Pferd erzählt

Ein Mann ruft aufgeregt bei einer Bekannten an.
**Er:** »Mein Gott, Süße, alles klar bei dir?«
**Sie:** »Ja, alles super. Wieso?«
**Er:** »Ich habe bei Facebook gelesen, dass du beim Reiten vom Pferd gestürzt bist.«
**Sie:** »Höh? Das war doch gestern.«
**Er:** »Ach, echt? Hast du gar nicht erzählt.«
**Sie:** »Doch, bei Facebook.«
**Er:** »Ach, nu ja, wer liest das schon.«

## Ruhe sanft kutschiert

Ein Paar auf der gemeinsamen Heimfahrt. Sie sitzt am Steuer seines Wagens. Er schläft während der Fahrt ein. Nach der Ankunft weckt sie ihn und sagt: »Wir sind da, mein Engel. Und so schlimm kann es ja gar nicht gewesen sein für dich. Du bist sogar eingeschlafen!«
**Er:** »Stimmt, ich dachte, wenn ich schon sterbe, dann lieber im Schlaf.«

## Auch Hunger ist relativ

Ein Paar abends vor dem Fernseher.
**Sie:** »Hast du Hunger?«
**Er,** in sichtbarer Vorfreude: »Au, ja!«
**Sie:** »Dann geh' doch in die Küche und mach dir was! Ich habe eingekauft. Ist alles da!«
**Er,** in sich zusammensackend: »Ach nein, es geht schon. Ich warte einfach, bis du auch was isst.«

## Er und sie machen alles kaputt, oder wie?

Eine Frau erwischt ihren Freund in flagranti beim Sex mit einer anderen. Daraufhin sagt **sie:** »So, das reicht. Es ist Schluss, aus, vorbei.«

**Er:** »Ich fasse es nicht, dass du wegen so einer Lappalie unsere Liebe zerstören willst!«

........................................

## Es ist vorbei, bye-bye – Glotze an

Eine Frau und ein Mann haben eine Affäre. Sie ist nicht mehr so ganz von der Geschichte überzeugt, geht aber dennoch wieder mit ihm ins Bett. Nach dem Sex liegen beide nebeneinander, und **sie** sagt schließlich: »Du, nimm es mir nicht übel, aber ich glaube, wir beide können so jetzt nicht mehr weitermachen.«

**Er:** »Ist nicht schlimm, ich wollte eh noch etwas fernsehen.«

## Ein Baby namens Bello

Sie überrascht ihn mit einem späten Kinderwunsch. Er ist nicht abgeneigt, aber auch nicht begeistert.

**Er:** »Na, eigentlich wollte ich ja schon noch mal Vater werden.«

**Sie:** »Aber das geht nur, wenn du dich auch wirklich einbringst als Vater. Nicht nur finanziell.«

**Er,** irritiert: »Sondern?«

**Sie:** »Baby wickeln, waschen, anziehen, umziehen und in den Schlaf singen, füttern, bespielen, vorlesen, freinehmen, wenn es krank ist ...«

**Er:** »Ach, eigentlich hätte ich lieber einen Hund.«

## Was glotzt du so?

Eine Frau erwacht morgens neben ihrem Freund im gemeinsamen Bett. Der Freund ist schon wach, liegt aber nach wie vor neben ihr und sieht sie an.
**Sie:** »Machst'n da?«
**Er:** »Ich schaue dich an.«
**Sie:** »Aha. Und wie lange schon?«
**Er** zuckt mit den Schultern und sagt: »Och, so 20 Minuten etwa.«
**Sie,** plötzlich außer sich: »WAAAS?! SEIT 20 MINUTEN? BIST DU'N PSYCHO, ODER WAS?!«
**Er,** ganz ruhig: »Nee. Aber das ist die einzige Möglichkeit, dich mal in Ruhe anzusehen, ohne dass du gleich rumzickst. Dachte ich jedenfalls.«

· · · · · · · · · · · · · · · · · · · · · · · · · · · · · · · · · · · · · · ·

## Der Sprinter beim Training

Hitziger Sex nach dem Discobesuch. Kaum geht es los, ist es auch schon vorbei. Völlig verschwitzt und schnaufend rollt er sich von ihr herunter und seufzt zufrieden: »Da soll noch einer sagen, wir machen keinen Sport!«

## Nun spuck nicht so doof!

Ein Mann geht mit seiner Frau und seiner Mutter spazieren, Frau rechts, Mutter links von ihm. Plötzlich spuckt er etwas auf den Weg, genau vor die Füße seiner Frau. Die sagt nichts, stellt ihn aber hinterher zur Rede, was das sollte.
**Er:** »Ja, soll ich etwa meiner Mutter vor die Füße spucken?!«

..............................................

## Icy happy people

Ein Paar beim gemeinsamen Abendessen im Restaurant. Sie bemüht sich um eine Statusanalyse der Beziehung.
**Sie:** »Wie findest du eigentlich gerade so grundsätzlich die Stimmung zwischen uns?«
**Er:** »Unterkühlt und distanziert – aber trotzdem schön.«

## Medizin bis zum Erbrechen

Ein junges Paar nervös und aufgelöst beim Frauenarzt. Sie befürchtet, schwanger zu sein.
**Arzt:** »Sie wissen, was das bedeutet, die Pille danach zu nehmen?«
**Sie:** »Na ja, so ungefähr ...«
**Arzt:** »Letztlich ist es ganz einfach. Sie nehmen die Pille, warten ein wenig, dann wird Ihnen kotzübel. Wenn Sie es schaffen, nicht zu kotzen, sind Sie nicht mehr schwanger. Kotzen Sie doch, dann doch.«

...........................................

## Definitiv viel zu späte Einsicht

Ein Mann trennt sich von seiner Freundin, weil er sich in eine andere verliebt hat. Bei seinem endgültigen Abschied drückt seine frischgebackene Ex etwas aufs Tempo, um ihn endlich aus der Wohnung zu haben.
**Er:** »Nun warte doch mal, nicht so eilig. Was mache ich denn, wenn das mit der anderen nicht klappt? Dann stehe ich ja ganz allein da!«

## In aller Fliesenruhe

Sie sitzt auf dem Sofa und liest einen bewegenden Artikel in einer Zeitschrift. Er kommt herein und räuspert sich. Sie reagiert nicht, ist völlig gebannt von dem Text.
**Er:** »Hallo? Darf ich kurz stören?«
**Sie,** abwesend: »Warte, gleich ...«
**Er:** »Haaa-lloooo?! Kannst du mir mal eben zuhören?«
**Sie,** genervt: »Kannst du mich nicht mal zehn Minuten in Frieden lassen?!«
**Er:** »Das habe ich doch eben schon, als du das Bad geputzt hast!«

· · · · · · · · · · · · · · · · · · · · · · · · · · · · · · · · · · · · · · · ·

## Der längste Film aller Zeiten?

Ein soeben getrenntes Paar macht reinen Tisch.
**Sie:** »Natürlich ziehe ich sofort aus!«
**Er:** »Ach, nein, bleib ruhig noch.«
**Sie:** »Wie bitte? Und was wird, wenn ich mal wieder einen Freund habe?«
**Er:** »Dann gehe ich halt so lange ins Kino!«

## Kein Umzugswagnis

Nach einem heftigen Streit sitzen beide ermattet beieinander.
**Sie,** vorsichtig: »Und, willst du jetzt Schluss machen?«
**Er:** »Nein, niemals, ich ziehe auf keinen Fall aus.«
**Sie,** hoffnungsvoll: »Aha. Das ist doch schon mal was.«
**Er:** »Ich habe keine Lust, schon wieder allen Leuten schreiben zu müssen, dass ich eine neue Adresse habe.«

· · · · · · · · · · · · · · · · · · · · · · · · · · · · · · · · · · · · · ·

## Der Pausenpfiff

Ein junger Mann und seine Freundin stoßen darauf an, dass sie jetzt schon sechs Monate zusammen sind. Beide bringen mehr oder weniger gleichzeitig ihren Trinkspruch aus.
**Sie:** »Auf die Zukunft!«
**Er:** »Halbzeit!«

## Er war stets bemüht

Eine Frau telefoniert mit ihrem Ex-Freund etwa einen Monat nach der Trennung.
**Sie:** »Und, ich habe gehört, du hast schon wieder eine Neue?«
**Er:** »Ja, aber erst seit sechs Wochen. Du, wo du es schon selber ansprichst: Fällt dir etwas ein, das ich bei ihr im Bett besser machen könnte als bei dir?«

..............................................

## Sex und Cops und Rock'n'Roll

Ein Polizist allein in einem Smart mit Polizei-Ausstattung. Er hört laut Musik, eine Rock-Ballade, trommelt mit den Händen aufs Lenkrad und moscht mit dem Kopf. Eine Fußgängerin schaut lachend in sein offenes Fenster.
**Sie:** »Na, Officer, haste die CD und das Auto von deiner Frau geschenkt bekommen?«
**Er:** »Nee, aber die Handschellen habe ich von meiner Frau. Wollen Sie die mal anprobieren?«

## Diese Schlampe!

Ein Mann bittet seine Frau zu einem Gespräch in die Küche mit der begleitenden Bemerkung, es gehe um eine sehr ernste Angelegenheit. Er bittet sie, sich zuerst hinzusetzen. Dann sagt er mit gravitätischem Blick: »Ich muss dir etwas sehr Schlimmes mitteilen. Deine beste Freundin hat dich mit mir betrogen.«

• • • • • • • • • • • • • • • • • • • • • • • • • • • • • • • • • • • • • • • • •

## Eine unerhört wichtige Sache

Ein Mann, eine Frau, eine Couch. Ein ruhiger Abend, der Fernseher läuft, sie erzählt etwas.
**Sie:** »Hey, du hörst mir überhaupt nicht zu!«
**Er:** »Ja, wie soll ich denn auch wissen, dass es wichtig ist?«

• • • • • • • • • • • • • • • • • • • • • • • • • • • • • • • • • • • • • • • • •

## Der Glaube und die Betriebswirtschaft

Ein Paar in der Kirche. Sie wirft eine Münze in den Spendenkasten, zündet eine Kerze an und verharrt andächtig davor. Nach einigen Minuten wird er unruhig, tritt dann zu ihr und flüstert: »Schatz, findest du nicht, du übertreibst? So ein bisschen Geld – und dann so viele Wünsche?!«

## Die Macht des Moments

Ein frisch verliebtes Pärchen betrachtet schweigend den Sonnenuntergang. Sie seufzt, überwältigt von der Romantik des Augenblicks.
**Er:** »Das ist schon unglaublich, oder?«
**Sie:** »Jaaaa ...«
**Er:** »Ich meine, dass die Sonne unsere Erde einfach so verdampfen kann. Eines Tages macht's bumm – alles platt. So, jetzt muss ich pinkeln.«

• • • • • • • • • • • • • • • • • • • • • • • • • • • • • • • • • • • • • •

## Nackte verfälschte Tatsachen

Eine Frau steht im Supermarkt an der Kasse. Plötzlich entdeckt sie in der Schlange an der benachbarten Kasse einen Bekannten.
**Sie:** »Hey, hallo, wie geht's?«
**Er:** »Entschuldigung, aber kennen wir uns?«
Sie ist peinlich berührt, er überlegt krampfhaft, dann sagt er laut: »Ach, natürlich! Sorry, dass ich dich nicht gleich erkannt habe. Aber weißt du, ich habe dich ja bisher immer nur nackt gesehen.«
**Sie,** höchstpeinlich berührt: »Könntest du vielleicht für alle Anwesenden, vor allem für meinen Mann noch hinzufügen, dass wir uns bloß aus der Sauna im Wellness-Bad kennen?«

## Das muss sie erst mal schlucken

Eine Frau bringt auf eine Party ihren neuen Freund mit, den sie über eine Online-Plattform kennengelernt hat. Sie spricht nicht darüber, also wird der Neue von der besten Freundin ausgequetscht.
**Freundin:** »Ihr habt euch doch über so eine Dating-Seite kennengelernt. Was hattest du denn für Suchkriterien eingegeben?«
**Er:** »Och, nicht viel. Hauptsache war, dass sie anstandslos schluckt.«

· · · · · · · · · · · · · · · · · · · · · · · · · · · · · · · · · · · · · · ·

## Porentief Nein!

Eine Studentin besucht einen Kommilitonen zum ersten Mal in dessen Ein-Zimmer-Wohnung. Alles ist tipptopp aufgeräumt, Kerzen brennen, eine Flasche Wein steht bereit. Auf dem Bett liegt ein aufgeschlagenes Tagebuch, aus dem er ihr zur Begrüßung ein selbst geschriebenes Gedicht vorträgt. Dann serviert er Fingerfood.
Am nächsten Morgen wachen beide nebeneinander auf, sie kuschelt sich verliebt an ihn, und er fragt im selben kuscheligen Tonfall, in dem er ihr gestern nach dem Sex eine gute Nacht gewünscht hat: »Sag mal, hast du schon einmal darüber nachgedacht, Clearasil zu benutzen?«

## Ihr redet doch alle denselben Unsinn!

Eine Runde aus Männern und Frauen. Eine Frau macht eine dämliche Bemerkung über Abseits beim Fußball. Daraufhin sagt einer der Männer tadelnd zu seiner Freundin, die bisher schweigend dabeigesessen hat: »Himmel, Schatz, wie kann man nur etwas so Doofes sagen!«
**Freundin:** »Das habe doch nicht ich gesagt, sondern sie!«
**Er:** »Aber genauso gut hättest du es sagen können.«

## Alles komplett raussterilisiert

Eine Frau lässt sich sterilisieren. Nach einiger Zeit will ihr Mann wieder Sex, doch sie winkt ab, weil sie gerade ihre Periode habe.
**Er:** »Hä? Wie geht das denn? Ich dachte, du hast jetzt keine Gebärmutter mehr!«

## Drecksweltretter

Ein mittelaltes Paar auf einer Rolltreppe im städtischen Einkaufszentrum. Er schmal und strohblond, sie füllig mit Muffelgesicht und Dauerwelle, beide im Outdoor-Look.

**Er,** nachäffend singend: »*Muss nur noch kurz die Welt retten, und gleich danach bin ich wieder bei dir.* So ein dämlicher Drecks-Song, also ehrlich. So was Blödes.«

**Sie:** »Ach, halt doch den Mund, du hast doch keine Ahnung.«

**Er:** »Nee, ist klar, dass dir der Scheiß gefällt. Du singst da mit, und an wem bleibt die Scheiße wieder hängen, von wegen Welt retten, hä? Wer darf es wieder machen?!«

..........................................

## Unhappy Birthday to you!

Er hat mal wieder ihren Geburtstag vergessen.

Sie schmollt, er fleht, bettelt, grummelt, mault und sagt schließlich:

»Also ehrlich, warum macht ihr Frauen eigentlich immer so ein Gewese um euren Geburtstag? Den hat man doch eh nur einmal im Jahr!«

## Do it your Selbst

Zwei junge Typen im Gespräch über die Mädchen, mit denen sie gerade gesprochen haben.
**Der eine:** »Die eine finde ich ja ganz lecker.«
**Der andere:** »Die Griechin? Diese Labertasche?«
**Der eine:** »Nee, deren Freundin. Die hat so was Unverdorbenes.«
**Der andere:** »Ach, klar. Und da willst du der natürlich total selbstlos helfen, das zu ändern?«
**Der eine:** »Wie, selbstlos? Nee, nee, da will ich schon mit dabei sein.«

## Sie hat das Aufstehen so dicke

Drei Männer und eine Frau, alle so um die 30, sitzen zusammen in der S-Bahn. Die Frau ist kein Hungerhaken, aber erkennbar nicht zu dick und wohlproportioniert.
**Erster Mann:** »Was habe ich gerade gelesen? Feuerwehr rettet 330-Kilo-Frau mit Kran. Krass, oder?«
**Zweiter Mann:** »330 Kilo. Alter Schwede. Da muss Mutti lange für stricken.«
**Dritter Mann:** »Habt ihr mal von diesen Feeder-Typen gehört? Total krank. Das sind Männer, die füttern ihre Frauen immer weiter, die mästen die richtig, bis die total fett sind und gar nicht mehr aufstehen können.«
**Frau,** gespielt sehnsuchtsvoll: »Hach, wär' das schöööön …!«
**Erster Mann:** »Was? Fressen oder nie mehr Aufstehen?«

• • • • • • • • • • • • • • • • • • • • • • • • • • • • • • • • • • • • •

## Was sich der Weihnachts-Mann wohl wünscht?

Ein Sonntag Mitte November. Ein Paar spricht über Weihnachtsgeschenke.
**Er** sagt grimmig: »Du weißt, was ich von dir will. Und wenn ich es nicht kriege, besorge ich's mir eben selbst.«

## Männer und Sport

**Alles eine Frage der richtigen Zutaten**

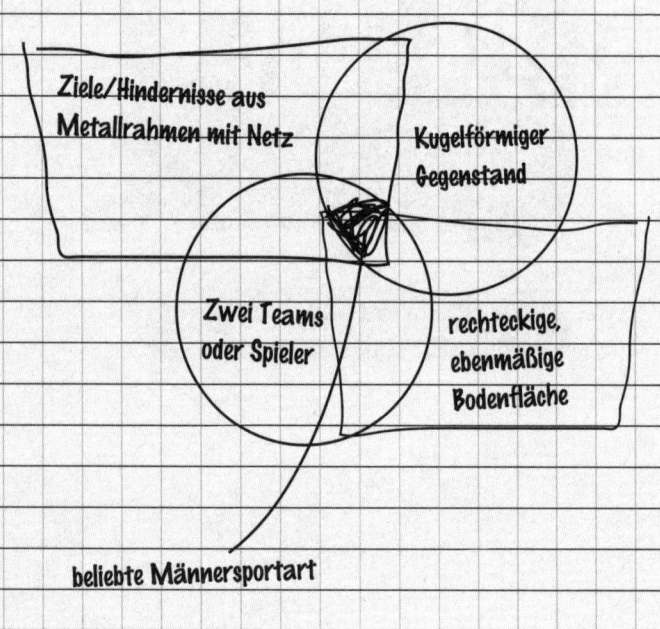

Früher, als die Schwelle vom Tier zum Menschen gerade erst überschritten war, befand sich der Mann permanent in Bewegung. Um nicht zu sagen: auf der Jagd. Das Leben war eine einzige Hatz, ein Rennen, Hauen und Stechen. Der Mann war nicht weniger wild als die Beute, der er nachstellte. Und die er dann roh anbiss und letztlich fraß. Seither ist viel Zeit vergangen, mittlerweile kommt das Essen per Taxi oder aus dem Internet, und der Mann hetzt nur noch per Auto oder Flieger von Termin zu Termin. Bewegung tut not, denn in seinem Inneren rotiert der laufgeile Jäger um die eigene Achse, er wird verrückt, springt die Wände des Zivilisationsgefängnisses hinauf. Der wilde Mann will raus und toben, jagen, beißen.
Und wo ginge das besser als auf dem Sportplatz?
Sicher: Das Ausbilden von Bizeps-Muskeln und Waschbrettbäuchen ist eine willkommene Begleiterscheinung – doch dies sind nur die Trophäen einer neuen Form der Jagd. Der Mann stellt nun nicht mehr fremdes, sondern das eigene Fleisch zur Schau. Und wenn er sich dabei im Spiegel ansieht, bekommt er dann und wann Lust, mal hineinzubeißen. Was die neue Lust an der eigenen Körperlichkeit mit sich bringt, ist eine immense Begeisterung für den Sport der anderen, für die Sport-Schau also. Es begann mit den Gladiatorenkämpfen im alten Rom und wird nun in den Stadien der Champions League fortgeführt, bei den Leichtathletik-Meetings und den Grand-Slam-Turnieren: Es ist die Freude an der Hatz. Dem Balle nach, dem Rekord hinterher, immer höher, schneller, weiter.

Und in ihrer gemeinschaftlichen Lust am Jagen geht den Männern auch die Lust am gemeinschaftlichen Schweigen verloren. Kaum ist von Bällen und Boliden die Rede, schwatzen sie wie die Waschweiber. Sie spinnen das allgemeine Latein der ewigen Jagd – und erzählen dabei mehr über sich, als sie jemals zugeben würden.
»Hasse gesehen, wie der den reingeknallt hat, Alter?«

## Sing doch einen mit!

Im Fußballstadion, Stehplätze auf der langen Geraden. Eine Gruppe Fans der Heimmannschaft grölt laut, schief und anhaltend Stadionklassiker. Ein Mann steht dabei, mit Fanmütze und Schal, gibt aber keinen Ton von sich. Einer der Jungs spricht ihn an: »Alter, warum machste nich mit?«
**Der Mann:** »Meine Frau sagt immer, ich kann nicht singen.«

...........................................

## Torwartpech

Zwei Jungs unterhalten sich auf einer Party, eine Frau steht scheinbar unbeteiligt daneben.
**Der erste:** »Alter, ich weiß nicht, was los ist. Bei unserem letzten Spiel verletzt sich mein Torwart. 18. Minute. Ich den Ersatztorhüter rein. 38. Minute: Ersatzkeeper verletzt. Ich den A-Jugend-Torhüter eingewechselt. Alter, wenn der sich jetzt auch noch verletzt?«
**Die Frau:** »Ich wusste gar nicht, dass du eine Fußballmannschaft trainierst.«
**Der erste:** »Mach ich auch nicht. Ist nur so ein Online-Spiel.«
**Die Frau:** »Ach so. Kann man da nicht Meister werden?«
**Der zweite:** »Der nicht.«

## Schlecht getippt

Auf dem Bolzplatz. Zwei höchstens 17-Jährige stehen am Rand.
**Der erste:** »Geile Jacke. Wow, Lotto. Beim Tippen gewonnen, oder was?«
**Der zweite:** »Nee, ist vom Hersteller.«
»Was? Lotto Toto macht jetzt auch Klamotten? Krass.«
»Neiiin, Mann! Ist von der Firma.«
»Eh, cool. Euer Chef schenkt euch Trainingsjacken, oder was? Wie geil ist das denn?«

· · · · · · · · · · · · · · · · · · · · · · · · · · · · · · · · · · · · · · · ·

## Sex ist Sport

Ein Hockeyspiel. Am Spielfeldrand steht ein älterer Beau, Typ Rudi Assauer, und brüllt den Schiri an. Ein vorbeikommender Vereinskollege grüßt den Beau mit den Worten: »Na, du alter Modellathlet, hörn se widder nit op disch?«
Kurze Zeit später sagt ein etwa siebenjähriger Junge stolz zu seinem Freund: »Mein Onkel ist nämlich ein echter Bordell-Athlet.«

## Die väterlichen Fußstapfen

Bei einer Familie zu Hause. Der dreijährige Sohn stampft in sein Rollenspiel vertieft zum Regal, in dem Papas Schuhe stehen. Er holt ein Paar Laufschuhe heraus und versucht, sie überzuziehen.
**Mutter:** »Was machst du denn da?«
**Sohn:** »Ich geh' jetzt zur Arbeit, Geld holen. Und danach geh' ich joggen.«

. . . . . . . . . . . . . . . . . . . . . . . . . . . . . . . . . . . . .

## Männer beim Frauensport

Auf einem Parkplatz stehen zwei Männer vor dem Auto des einen. Der beschwert sich über seinen stressigen Tag.
»Den ganzen Tag bin ich unterwegs, ey. Hetze von A nach B, von hier nach da, von Pontius zu Pilatus ...«
»Ey, Alter, du machst Pilates? Krass!«

## Das Läuferherz schlägt links

Ein schmaler, asphaltierter Weg zwischen Feldern. Ein Jogger läuft einsam vor sich hin, als plötzlich ein aufgemotzter Golf um die Kurve schießt und lautstark bremsen muss. Der Fahrer steckt seinen dicken roten Kopf aus dem Fenster und brüllt: »In Deutschland herrscht Rechtsfahrgebot!«
**Der Jogger** antwortet relativ ungerührt: »Laufen ist immer links.«
**Der Golffahrer:** »Genauso siehst du aus, du Zecke. Genauso siehst du aus!«

・・・・・・・・・・・・・・・・・・・・・・・・・・・・・・・・・・・・・・・・・

## Nomen est Women

Ein Spiel bei der Fußball-WM der Frauen. Ein Mann trägt ein deutsches Nationaltrikot mit seinem eigenen Namen darauf. Ein anderer kommt vorbei und sagt zu seinem Kumpel: »Ja, siehste, das ist das Blöde beim Frauenfußball, dass man die Spielernamen alle nicht kennt.«

## Regen ist gut für Champions

Ein Paar fährt bei strömendem Regen mit dem Auto über Land. Sie kommen an einem Campingplatz vorbei.
**Sie:** »Boah, nun stell dir mal vor, du bist bei dem Dauerregen campen. Im Zelt. Was machste denn da?«
**Er:** »Hängst den ganzen Tag im Aufenthaltsraum rum. Spielst Billard. Nach vier Tagen bist du Profi.«
**Sie:** »Nu ja, aber ich meine, es gibt doch hier auch so kleine Campingplätze. Da ist nix mit Riesen-Aufenthaltsraum. Machste dann da?«
**Er:** »Wirst Flipperprofi.«

· · · · · · · · · · · · · · · · · · · · · · · · · · · · · · · · · · · · · · · · ·

## Alles auf Lunge

Zwei Männer beim Joggen im Stadtpark.
**Der eine:** »Ich konnte ja wochenlang nicht in den Wald, weil meine Pollenallergie so stark war.«
**Der andere:** »Ja, kenne ich. Dann lieber eine Stunde hinter einem Auto herlaufen und mit Feinstaub den Weg zur Lunge zukleistern.«
**Der eine:** »Genau, das ist der perfekte Pollenfilter.«

## Eis am Stiel

Männer während eines Querfeldein-Hindernis-Wettrennens bei Eis und Schnee und klirrender Kälte.
**Erster Mann:** »Alter, weiß jemand, wie kalt das tatsächlich ist?«
**Zweiter Mann:** »Keine Ahnung, aber bestimmt keine fünf Grad.«
**Dritter Mann:** »Das kannst du doch hier an jeder Lauf-Tight ablesen, wie kalt. Keine fünf Zentimeter.«

• • • • • • • • • • • • • • • • • • • • • • • • • • • • • • • • • • • • • • •

## Ballaststoffarmes Rennen

Zielzone des Berlin-Marathon. Zwei Läufer, die sich offenbar verloren hatten, fallen sich in die Arme.
**Der eine:** »Glückwunsch, Alter! Aber wo zum Teufel warst du?«
**Der andere:** »Ich musste eine Minute vor Start plötzlich furchtbar kacken und bin erst fünf Minuten nach dem Startschuss losgekommen.«
**Der eine:** »Na, dann brauchtest du ja wenigstens keinen Zieleinlauf.«

## Der Hammer, die Frau

Drei Burschen um die 20 schauen Leichtathletik im Fernsehen. Es läuft das Hammerwerfen der Frauen.
**Der erste:** »Der Alten würde ich auch gern mal die Kugeln stoßen.«
**Der zweite:** »Alter, du bist krank! Außerdem ist das Hammerwerfen.«
**Der dritte:** »Vielleicht will er ja, dass sie ihm mal den Hammer wirft.«

. . . . . . . . . . . . . . . . . . . . . . . . . . . . . . . . . . . . . .

## Frau mit Kurven

Ein Mann und eine Frau streiten über die Formel 1.
**Sie:** »Das ist für mich doch kein Sport, wenn die da nur mit ihren Autos im Kreis fahren.«
**Er:** »Fahr du mal mit 300 km/h auf eine Kurve zu und versuch, die Ideallinie zu fahren. Da musst du topfit sein, sonst kommst du gehörig ins Schwitzen.«
**Sie:** »Ich komme schon ins Schwitzen, wenn du mit 50 auf eine Kurve zufährst und ich neben dir auf dem Beifahrersitz hocke.«
**Er:** »Du hast ja auch nicht gerade Ideallinie.«

## Mit dem neuner Eisen genau ins Loch

Zwei Männer Mitte 30 beim Golf. Der eine ist Mitglied im Club und spielt öfter. Den anderen hat er als Gast mitgebracht.
**Der eine:** »Na, wie fandest du dein erstes Mal?«
**Der andere:** »Haha, erstes Mal, sehr gut. Du weißt doch, wie es heißt: Hast du noch Sex, oder spielst du schon Golf?«
**Der eine:** »Klar kenne ich den. Aber dafür habe ich es dir an jedem Loch ganz schön besorgt, oder?«

...............................................

## Mit Stock über Stein

Ein älteres Ehepaar trifft beim Wandern auf einen Nordic Walker.
**Die Frau:** »Na, hams die Ski vergess'n?«
**Der Mann:** »Nu lass ihn halt. Liegt doch auch gar kein Schnee!«

## Glatt durchgekommen

Drei Freunde beim Eislaufen im Park. Der eine, wohl eher ungeübt, rutscht beidfüßig aus – ein Bein nach vorn, eins nach hinten – seine Kumpel fangen ihn auf.
**Erster Mann:** »Alter, mit der Nummer schaffst du die Qualifikation.«
**Zweiter Mann,** der gestürzt war: »Für Olympia?«
**Dritter Mann:** »Nee, für die Langzeitstudie ›Leben ohne Steißbein‹.«

. . . . . . . . . . . . . . . . . . . . . . . . . . . . . . . . . . . . . . . . .

## Unter Wasser Ball? Nett.

Zwei Männer in der Kneipe.
**Der eine:** »Gibt es jetzt eigentlich auch Synchronschwimmen für Männer?«
**Der andere:** »Klar, so schnell wie die Frauen sind wir doch längst.«
**Der eine:** »Geht ja nicht um Schnelligkeit. Ist ja mehr so ein Unterwasserballett.«
**Der andere:** »Hä, wie das denn? Der Ball kommt doch immer wieder hoch.«

## Den Raum zwischen den Pfosten tapezieren

Fußballfreunde im Gespräch über das Panini-Torwart-Debakel bei der WM 2006. In den Fußballalben war bereits Oliver Kahn als Torwart festgelegt, als Jürgen Klinsmann sich für Jens Lehmann entschied.
**Erster Mann:** »Was machste denn da? Gibt ja nur einen Platz für den Torwart.«
**Zweiter Mann:** »Kannst doch einfach den Kahn überkleben.«
**Erster Mann:** »Bist du verrückt? Weißt du, wie lange es gedauert hat, bis ich den Kahn hatte? Außerdem konnte ich den Lehmann noch nie leiden.«
**Dritter Mann:** »Genau, den sollte man lieber überkleben.«
**Vierter Mann:** »Ja! Mit einer Riesentapete. Dann hält der endlich mal die Fresse.«

· · · · · · · · · · · · · · · · · · · · · · · · · · · · · · · · · · · · · · · ·

## Live-Kommentar mit Sprung

Eine Fußballhalle für Hobbykicker am Dienstagabend. Ein Bauchträger mit Schalke-Montur kommentiert aus dem Tor das Spiel seiner Mannschaft: »Ja! Super! Scheiße! Egal! Weiter! Ja! Super! Scheiße! Egal! Weiter! Ja! Super! Scheiße! Egal! Weiter! Vorsicht! Mist! Äh, kann mal wer anders ins Tor gehen?«

## Alles aus wegen der paar Zentimeter?

Ein Mann und seine Freundin beim Badminton (Kampf-Federball).
**Er:** »Der war drin.«
**Sie:** »Niemals.«
**Er:** »Klar war der drin. Voll. Hat nicht mal die Linie berührt.«
**Sie:** »Nee, genau. Hat er nicht. Weil er mindestens 20 Zentimeter im Aus war.«
**Er:** »Erzähl DU mir nicht, was 20 Zentimeter sind, ja!«

## Einen Riegel vor die Erholung

Ein Fitness-Studio-Besucher liest die Verpackung seines Energieriegels und ruft plötzlich: »Boah, Scheiße, ey!«
**Sein Trainingspartner:** »Ist denn los?«
»Hier steht ja, das ist ein Recovery-Riegel, also einer, den man hinterher isst, nach'm Training, um sich zu erholen quasi. Soll ich den jetzt vorher überhaupt essen?«
»Also, ich würd's nicht riskieren. Hinterher wirst du ganz müde davon oder so.«

## Lauf der zwei Herzen

Zwei Männer, ein älterer und ein jüngerer, nebeneinander auf zwei Laufbändern in der Fitness-Lounge eines Hotels.
**Der ältere:** »Seitdem habe ich den Herzschrittmacher.«
**Der jüngere:** »Und damit laufen Sie so viel?«
**Der ältere:** »Ich würde ihn rausnehmen, aber dann läuft es noch extrem viel schlechter.«

· · · · · · · · · · · · · · · · · · · · · · · · · · · · · · · · · · · · · · ·

## Ein flotter Baller

Ein paar halbstarke Jungs beim Basketball.
**Einer:** »Jetzt knall ich euch erst mal ein paar Dreier rein, dann ist Ruhe.«
**Ein anderer:** »Dreier kennst du doch nur aus'm Porno.«

## Sportbekleidungsexperte

Zwei Männer in der Umkleidekabine vor dem Fußballtraining.
**Der Kräftige** sagt zum Dünnen:
»Na, du altes Hemd, alles fit?«
»Logisch. Und selbst?«
»Super. Hör mal, heute gehst du aber nicht wieder 'ne halbe Stunde früher, du leere Hose?«
»Hemd, leere Hose – bald kann man sich mit mir komplett anziehen.«

................................................

## Mitgeben und mitnehmen

Nach dem Boxtraining, zwei Männer unterhalten sich.
**Der eine:** »Und dann hab ich ihm im Rausdrehen noch einen mitgegeben, dass die Zähne wackeln.«
**Der andere,** beifällig nickend: »Jaujau. Kann er sich ja dann überlegen, was er damit macht.«
**Der eine:** »Genau. Nur einfach so wegstecken kann er den nicht.«

## In der Mannschaft brodelt's

Auf dem Fußballplatz. Ein Piratenbartträger mit Speckhüften, der im gerade verlorenen Spiel nur an des Gegners Strafraum herumstand, analysiert: »Wenn wir 5:2 verlieren, dann haben wir ein Defensivproblem.«
**Ein Mitspieler:** »Du hast'n Laberproblem.«
**Der Piratenbart:** »Davon verliert man nicht.«
**Mitspieler:** »Doch, Zähne.«

. . . . . . . . . . . . . . . . . . . . . . . . . . . . . . . . . . . .

## Die Suppe löffelt er nicht aus

Ein einsamer Jogger im Stadtwald. Plötzlich biegen über einen Zubringer zwei Frauen in Lauftights vor ihm ein und laufen genau vor ihm. Der Mann beschleunigt und überholt. **Eine der Frauen:** »Hey, wow. Jetzt hast du es uns aber gezeigt, du Siegertyp!«
**Der Mann** wird langsamer, dreht sich kurz um und sagt: »Ey, sorry, Mädels. Aber ich schnüffel' jetzt hier nicht die ganze Zeit eure verschwitzte Arschsuppe.«

## Eine ganze Handvoll Jahreskilometer?

Ein Mann und eine Frau im Restaurant. Beide sind wohl gerade dabei sich kennenzulernen.
**Sie:** »Und, machst du Sport?«
**Er,** stolz: »Ich mache jedes Jahr bei so einem Firmenlauf mit. 5000 Leute sind das, voll cool!«
**Sie:** »Hey, super. Und wie oft trainierst du dafür?«
**Er:** »Trainieren? Pfffft, das muss man nicht. Sind doch nur fünf Kilometer.«
**Sie:** »Ah, ja klar. Und was machst du sonst für Sport?«
**Er:** »Och, mit dem Laufen bin ich eigentlich ganz gut ausgelastet.«

・・・・・・・・・・・・・・・・・・・・・・・・・・・・・・・・・・・・

## Er hat einen Lauf bei den Mädels

Ein Mann bereitet sich im Betrieb darauf vor, in der Mittagspause joggen zu gehen. Als er in Laufkleidung zurück in sein Büro kommt, setzt er noch seine Brille ab und legt den Ehering in die Schreibtisch-Schublade.
**Sein Kollege** scherzt: »Na, gehste in' Puff?«
**Der Jogger** trocken: »Ja, es gibt doch da diese Laufhäuser.«

## SO BRAINSTORMEN DRAUSSEN KOMMT DOCH ECHT GEILER.

**Männer und Arbeit**

**Job ist Job
Sex ist Sex**

Internationale Verschwörung von Designern für Röcke und Damenjeans

Ewiger Trieb

Des Mannes ständige Suche nach Perfektion

Flaute im Bett

Warum er nicht anders kann, als der neuen Kollegin auf den Hintern zu glotzen

Nichts hasst ein Mann mehr als die Arbeit.
Nichts braucht ein Mann so sehr wie die Arbeit.
Nichts scheint zu stimmen an seinem Verhältnis zur Arbeit.
Wahrscheinlich liegt es daran, dass Arbeiten keine Entsprechung in der Seelenvergangenheit des Mannes findet. Sie entspricht nur auf dem Papier der Jagd, denn die dazugehörigen Instinkte lebt er beim Sport aus – und beim Einkaufen. Natürlich erbringt die Arbeit Trophäen, aber was ist eine Lohntüte im Vergleich zu einem Büffelschädel? Die Arbeit ist eine moderne Notwendigkeit, die alles abstrahiert, was dem Mann einst lieb und teuer war: das Aufspüren, das Stellen, das Jagen, das Kämpfen, das Siegen – und, ja, auch das Unterliegen.
In der Arbeitswelt wird alles haarklein aufgeteilt, was ein Mann früher allein erledigt hat. Das Suchen und Sichern einer Heimstatt wird heute arbeitsteilig von Architekten, Bauingenieuren und einem Heer von Handwerkern besorgt. Die Arbeit ist der festgeschriebene Verlust der Selbstständigkeit – sogar der Selbstständige ist ohne seinen Steuerberater nichts.
Aber die Arbeit ist auch alles, was dem Manne bleibt.
Wenn er seine Rolle als Ernährer und Versorger, als Jäger und Zuhause-Bauer nicht komplett verlieren will, muss er wohl oder übel arbeiten gehen und sich eine Nische suchen, in der er seine nunmehr extrem spezialisierten Fähigkeiten unter Beweis stellen kann. Wenn er Glück hat, erwischt er einen Job als Architekt oder – noch besser – als Jäger. Vielleicht findet er einen Beruf, in dem

er richtig gut sein kann, ein Held der Arbeit sozusagen. Dann kann ihm die Arbeit etwas geben, was er früher nur fand, wenn er dem Mammut Aug in Aug gegenüberstand oder eine verborgene Höhle im Fels entdeckt hat: das Gefühl, gegen diese unwirtliche Welt eine Chance zu haben. Die Sicherheit, etwas zu bedeuten.

Und natürlich findet er auch den Kollegen, mit dem er vor dem Kaffeeautomaten über die Größe des zuletzt erlegten Mammut-Projekts sein Neander-Garn spinnen kann.

## Voll der Stress!

Zwei Kollegen treffen sich nachmittags am firmeneigenen Kaffeevollautomaten.

**Der eine:** »Na, auch noch einen?«
**Der andere:** »Nee, ist mein erster.«
**Der eine:** »Boah, ohne Kaffee, wie hältste das nur aus.«
**Der andere:** »Überhaupt nicht.«

. . . . . . . . . . . . . . . . . . . . . . . . . . . . . . . . . . . . . . . . .

## Der Chef beim Recycling

Frühstückspause auf dem Bau. Zwei Arbeiter sitzen an eine Rohbau-Mauer gelehnt.

**Der eine:** »Guck ma, hab ich gerade gefunden.«
**Der andere:** »Is'n das?«
»Keine Ahnung. So ein Verbindungsding. Aus Metall. Kann man vielleicht noch mal gebrauchen.«
»Ach was. Schmeiß weg.« Gesagt getan.
**Der Polier** kommt. »Moin, Jungs. Na, alles im Saft?«
**Der eine:** »Logo, Meister.«
**Der Polier:** »Ach, guck an, was haben wir denn da.« Er hebt das weggeworfene Metallstück auf. »Hier, das ist doch so'n Verbindungsstück. Heb das mal auf, das kann man bestimmt noch mal verwenden.«
Er gibt das Teil dem ersten Mann und geht. Beide Männer lachen, der eine will das Teil wieder wegwerfen, steckt es dann aber doch in die Tasche.

## Essen bei der Arbeit

Drei Kollegen im Einwohnermeldeamt unterhalten sich auf dem Flur.

**Der erste:** »Alter, die Arbeit frisst mich gerade so was von auf.«

**Der zweite:** »Bei mir ist es eher: Ich habe die Arbeit gerade so was von gefressen.«

**Der dritte:** »Tja. Du bist, was du isst.«

## Two boys, one computer

Im Büro. Am Schreibtisch gegenüber glotzen zwei Kollegen auf den Bildschirm des einen. Der, auf dessen Rechner beide starren, sitzt und bedient die Maus. Der andere steht vorgebeugt und auf die Rückenlehne des Stuhls gestützt daneben.

**Der Sitzende:** »Mann, lädt das lang.«
**Der Stehende:** »Ja, Mann, was hast du denn für'ne scheißlahme Gurke? Bei mir lädt das in null Komma nix.«
»Maaaaann, dauert das.«
»Wart ab, es lohnt sich. Da! Es kommt. Jetzt auf Play. Mach mal Play!«
»So? Hier?«
»Da, ja, genau. Jetzt!«
»Uuuuääh, was ist DAS denn? Ist das EKELHAFT!«
Beide lachen hysterisch.
**Der Stehende:** »Ich hab's dir doch gesagt, Alter.«
**Der Sitzende,** anerkennend: »Du bist echt sooo krank.«

## Gehirnsturm im Weißbierglas

Ein Biergarten. Vier junge Männer in Baggy-Jeans und bunten T-Shirts an einem Tisch, offenbar Arbeitskollegen.
**Der erste:** »So brainstormen draußen kommt doch echt geiler.«
**Der zweite:** »Ja, viel entspannter.«
**Der dritte:** »Kommen einem viel bessere Ideen.«
**Die Kellnerin** kommt: »Bitteschön?«
Alle schauen auf die Uhr.
**Der erste:** »Vier Maß Brainstorm-Bräu, bitte.«

·············································

## Tour de Fracht

Im Urlaub. Zwei Typen in Badehose unterhalten sich an der Poolbar. Es geht um teure Fahrräder und schnelles Fahren.
**Der eine:** »Und dann habe ich mein Hobby irgendwann zum Beruf gemacht.«
**Der andere:** »Wow, Radrennprofi?«
»Nee, Fahrradkurier. Aber professionell auf sehr hohem Niveau.«

## Keine große Aushilfe

Die Räume einer Unternehmensberatung. Ein älterer und ein jüngerer Anzugträger begegnen einander auf dem Flur.
**Der Ältere:** »Verzeihung, könnten Sie mir das hier kurz kopieren? Sie würden mir sehr helfen.«
**Der Jüngere:** »Verzeihung, ich bin hier nicht irgendeine Aushilfe, sondern Praktikant.«

· · · · · · · · · · · · · · · · · · · · · · · · · · · · · · · · · · · · · · · ·

## Freie Fahrt für breite Bürger

Ein Linienbus, nachts. Der Fahrer stellt, genervt von einem angetrunkenen Fahrgast, an einer Haltestelle den Motor ab.
**Fahrer:** »Würden Sie jetzt *bitte* aussteigen?«
**Fahrgast:** »Nee, ich will na' Hause!«
»Sie haben keinen gültigen Fahrschein und weigern sich zu bezahlen!«
»Ich sag doch: Ich hab'n Ticket, nur nich dabei.«
»Ich fahre Sie keinen Meter weiter.«
»Och, komm, du. Soll ich fahren?«

## Zu spät zurück

Die Büros einer Computerfirma.
**Mail eines Kollegen** an alle: »Ab kommenden Montag bin ich für 144 Tage im Urlaub. Danach wieder wie gewohnt am Platz. Alles Gute ...«
**Antwort eines Kollegen,** ebenfalls an alle: »Was ist das dann für ein Wochentag?«

. . . . . . . . . . . . . . . . . . . . . . . . . . . . . . . . . . . . . . .

## Haben Sie aber heute einen tollen Ton!

Zwei Kollegen in der Kaffeepause.
**Der erste:** »Nachher habe ich zum ersten Mal so eine Web-Konferenz per Bildschirm, mit Kamera und so. Schon mal gemacht?«
**Der zweite:** »Ja, ist echt gut.«
**Der erste:** »Wie ist denn so der Unterschied zu einer richtigen Konferenz?«
**Der zweite:** »Die Bild- und Tonqualität ist anders.«

## Der menschliche Makler

Ein Besichtigungstermin in einer Mietwohnung. Der durchaus nette Makler ist zunehmend genervt von einer Bewerberin, die permanent um ihn herumscharwenzelt und Fragen stellt. Ihre Absicht, sich bei ihm einzuschleimen, ist für alle 30 Anwesenden erkennbar.
**Bewerberin:** »Und wird am Bad auch noch etwas gemacht?«
**Makler:** »Tjaaa, da müssten Sie nur ein klitzekleines bisschen freundlicher zu mir sein, da könnten wir da etwas machen ...«
**Bewerberin:** »Na, hören Sie mal!«
**Makler:** »Oh, sorry. Unfreundlicher, ich meinte natürlich unfreundlicher.«

· · · · · · · · · · · · · · · · · · · · · · · · · · · · · · · · · · ·

## Alles Warz auf Schweiß

Zwei Fliesenleger reden über eine fertige Küche.
**Der eine:** »Ist das jetzt eigentlich Schwarz auf weißem oder Weiß auf schwarzem Grund?«
**Der andere:** »Sach mal, bist du besoffen oder was? Das ist Brettschachmuster, Mann!«

## Bock beim Gärtnern

Zwei Kollegen im Büro.
**Der eine:** »Heute hab ich echt voll kein' Bock.«
**Der andere:** »Ich auch nicht. Aber auf gar nix.«
**Der eine:** »Wieso, du hast doch eh nix zu tun.«
**Der andere:** »Darauf hab ich auch keinen Bock.«

. . . . . . . . . . . . . . . . . . . . . . . . . . . . . . . . . . . .

## Befehl von ganz oben

Kollegen bei der Wochenplanung.
»Chefe sagt, das muss diese Woche fertig werden.«
»Die Woche ist lang.«
»Nee, Woche ist kurz, weil Chefe Freitag auf Dienstreise geht.«
»Alter, jetzt hat der schon die Macht, die Woche zu verkürzen. Demnächst teilt er das Meer.«

## Vegan ohne Plan

Zwei Kollegen beim Gespräch über die Mittagspause.
»Wo geht ihr denn mittags hin?«
»Schnitzel essen.«
»Alter, ich ess doch kein Fleisch.«
»Dann nimmste halt Pasta.«
»Aber so Nudeln mit Gorgonzolasauce kann ich mir auch zu Hause machen.«
»Könnte ich theoretisch mein Schnitzel auch.«
»Ja, verstehste nicht, wenn ich mittags irgendwo hingehe, dann soll's auch irgendwie etwas Besonderes sein, und nicht so'n Scheiß wie Nudeln.«
»Dann halt nicht.«
»Nee … Ach egal: Wann geht ihr los?«

. . . . . . . . . . . . . . . . . . . . . . . . . . . . . . . . . . .

## Wem gehört das WWW?

Ein Großraumbüro.
**Eine Frau** fragt laut: »Ist euer Internet auch so langsam?«
**Ihr Kollege:** »Es gibt nur ein Internet.«

## Kein Stein im Regalbrett

Im Supermarkt. Zwei Service-Kräfte in Kitteln beim Einräumen der Regale.
**Der eine:** »Verdammte Sklavenarbeit, beschissene!«
**Der andere:** »Komm, besser als Steine klopfen ist es in jedem Falle.«
**Der erste,** sehnsuchtsvoll: »Ooch, so ein paar Steine ...«

. . . . . . . . . . . . . . . . . . . . . . . . . . . . . . . . . . . . . . . . .

## Die Welt in seinem Netz

Zwei Männer Mitte 30, beide in Jeans und mit Dreitagebart, treffen sich in einem Café und plaudern über dies und das. Plötzlich sagt **der eine:** »Apropos Geschäft – hier, gerade neu.«
Er knallt seine Visitenkarte auf den Tisch.
**Der andere:** »Wow. ›Stoever und Netzwerk‹? Alter, klingt nach Weltherrschaft.«

## Papa allein zu Haus

Ein Mann kommt nach einem Tag Telearbeit wieder ins Büro.
**Sein Kollege:** »Und wie lief es so bei der Heimarbeit?«
»Och, ganz flüssig, so bis zum frühen Nachmittag – aber dann kamen die Kinder ...«
»Aber ist das nicht immer so im Leben, dass es erst flüssig läuft – und dann kommen Kinder ...?«

· · · · · · · · · · · · · · · · · · · · · · · · · · · · · · · · · · ·

## Klarer Fall von Toilette-Syndrom

Zwei Werber beim Gespräch über aktuelle Projekte.
**Der eine:** »Diese Lebensmittelsache müssen wir noch anfangen.«
**Der andere:** »Aaach, der Scheiß.«
**Der eine:** »Dann mach du doch diese Handy-Geschichte.«
**Der andere:** »Oh, nee. Dieser Piss.«
**Der eine,** genervt: »Weißt du was? Geh doch einfach kacken.«
**Der andere:** »Jau, das ist es. Das mach ich.«

## Die Reihung des Kreises

Zwei Kollegen im Büro.
**Der erste:** »Bist du auch am Dienstagnachmittag in der Schulung?«
**Der zweite:** »Jau, du auch? Super. Machen wir die Lümmel von der letzten Bank. Ach, nee, Mist. Wir sitzen ja im Kreis.«
**Der erste:** »Egal, da kann man sich auch nach hinten setzen.«

. . . . . . . . . . . . . . . . . . . . . . . . . . . . . . . . . . . .

## Herr Milch und sein Saft

Ein neuer Mitarbeiter sieht in der Küche seiner Firma ein Schild:
»Packungen eurer Sachen bitte beschriften, um Verwechslungen zu vermeiden!«
Er setzt sich also mit einem Edding und einem Tetrapak H-Milch an seinen Platz. Fragt der Kollege von gegenüber: »Na, was schreibst du jetzt da drauf? M-I-L-C-H?«

## Nie wieder Gewerbungen

20-jähriges Klassentreffen in einer Kneipe. Ein paar Männer unterhalten sich darüber, was sie beruflich machen. Einer mit randloser Brille klopft einem Kräftigen mit rotem Kopf auf die Schulter und fragt: »Und in welchem Gewerbe bist du?«
»Ich bewerbe mich jetzt gar nicht mehr, die können mich alle mal!«

. . . . . . . . . . . . . . . . . . . . . . . . . . . . . . . . . . . . . . .

## Hauptsache, die Kohle stimmt

Ein Eiscafé in einer Fußgängerzone. Ein kleiner Junge von etwa fünf Jahren geht von Tisch zu Tisch, bis seine Mutter hinzukommt und ihn unsanft wegzieht.
**Mutter:** »Sag mal, spinnst du? Das geht nicht, dass du hier von Tisch zu Tisch gehst und fremde Leute nach Geld fragst!«
**Junge:** »Aber ich wollte doch noch mal mit dem Rennauto fahren.«
**Mutter:** »Du bist schon zwei Mal gefahren, es reicht jetzt.«
**Junge:** »Aber die Alte da wollte mir gerade echt was geben, ich schwör'!«

## Den Kanal voll

Zwei Kanalarbeiter stehen vor einem offenen Gullideckel, aus dem gerade ein dritter den Kopf steckt. Sagt einer der beiden oberen: »Naa, wie ist die Luft da unten?«
**Der untere:** »Besser als wie in deiner Unterhose, du Arsch.«
**Der andere oben:** »Na, ich lasse euch beiden Turteltäubchen mal allein, was?«

· · · · · · · · · · · · · · · · · · · · · · · · · · · · · · · · · · · ·

## Arbeit macht irgendwas

Ein Großraumbüro. Der stellvertretende Abteilungsleiter macht den Leuten Druck, dass die angefangenen Aufträge Ende der Woche fertig bearbeitet sein müssen.
Als er raus ist, sagt **einer:** »Was der immer für einen Stress macht.«
**Ein anderer:** »Ja, schlimmer als jeder KFZ-Aufseher.«

## Sechs richtig, ey?

In der Oberstufe eines Gymnasiums. Der Geschichtslehrer, ein bärtiger Macho Ende vierzig mit Militaria-Tick, prüft spontan Schüler, die zwischen zwei Noten stehen. Nach einer der mündlichen Prüfungen sagt er plötzlich: »Oh, Scheiße, Fräulein Müller, jetzt habe ich die Sechs aus Versehen bei Ihnen eingetragen. Wollten Sie noch etwas sagen, oder soll ich sie gleich stehen lassen?«

● ● ● ● ● ● ● ● ● ● ● ● ● ● ● ● ● ● ● ● ● ● ● ● ● ● ● ● ● ● ● ● ● ● ● ● ●

## Klasse Jobbeschreibung, super Arbeitsatmosphäre

Zwei Lederjackenjungs mit Migrationshintergrund beim Rauchen und Reden auf dem Spazierweg.
**Der eine:** »Und läuft gut bei Hakan in der Firma?«
**Der andere:** »Ja, alles easy. Die sagen, ich kann da bleiben. Gab ein bisschen Palaver, aber vom Ding her alles okay.«
**Der eine:** »Palaver?«
**Der andere:** »Na, die haben gesagt, wenn ich der Polizei was erzähle, bringen die mich und meine ganze Familie um.«

## Voll fett krass die richtige Ausbildung für ihn

Eine Gruppe Auszubildender bei der Besichtigung eines Kraftwerks.

**Ausbildungsleiter:** »Das also ist ein Transformator. Der …«
**Ein Auszubildender** – Igelfrisur, Baumeljeans, hohe Turnschuhe – unterbricht: »Eh, wie geil, eh! So'n Roboter, oder was? Kriegt der jetzt gleich Flügel und fliegt weg?«

• • • • • • • • • • • • • • • • • • • • • • • • • • • • • • • • • • • • • •

## Hier werden Sie geholfen

Eine Büroetage. Der Chef führt eine neue Auszubildende herum. Sie betreten das Büro des Kollegen, der im Büro neben der Auszubildenden sitzt. Beide Zimmer sind durch eine Tür verbunden.
**Chef:** Soo, und das ist der Herr Huber, Ihr Büronachbar.
**Azubine:** Hallo.
**Huber:** Hallo, herzlich willkommen.
**Chef:** Der Herr Huber hilft auch immer gern, wenn Sie Fragen haben.
**Azubine,** schüchtern: Oh, wirklich?
**Huber:** Jaja, da ist die Tür (zeigt auf die Verbindungstür).
Chef und Azubine schauen verstört und gehen dann langsam hinaus.
**Huber:** Ich meinte ja nur, wenn Sie mal eine Frage haben …

## Du kannst mich kreuzweise – duzen

Zwei neue Kollegen nach der ersten gemeinsamen Mittagspause.
**Der eine:** »Sie können übrigens du zu mir sagen.«
**Der andere:** »Sie mich auch.«

..........................................

## Es besteht Helmut-Pflicht!

Gespräch bei einem Business-Lunch.
**Junger Manager:** »Wo haben Sie studiert, sagten Sie?«
**Älterer Manager:** »Helmut-Schmidt-Uni. Nach dem früheren Bundeskanzler.«
**Junger Manager:** »Hieß der nicht Kohl?«

## Den hat er gefressen

Spätabends in einer schummrigen Bar. Ein Mann und eine Frau flirten heftig, dann geht er aufs Klo. Der Barkeeper fragt die Frau: »Na, was erzählt er so?«
**Frau,** verträumt: »Ach, er ist Manager in so einem großen Restaurant mit täglich über 1000 Gästen.«
Barkeeper lacht in sich hinein.
**Frau:** »Was ist?«
**Barkeeper:** »Sorry, gelogen hat er nicht. Aber als ich zuletzt mit ihm gesprochen habe, war er gastronomischer Leiter einer Autobahnraststätte mit Selbstbedienungsbetrieb. Noch einen Campari?«

# MEINE GÜTE, HÄNGEN DIE TIEF!

### Männer und noch mehr Männer

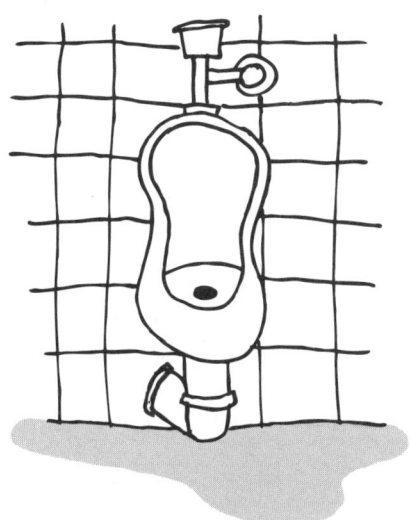

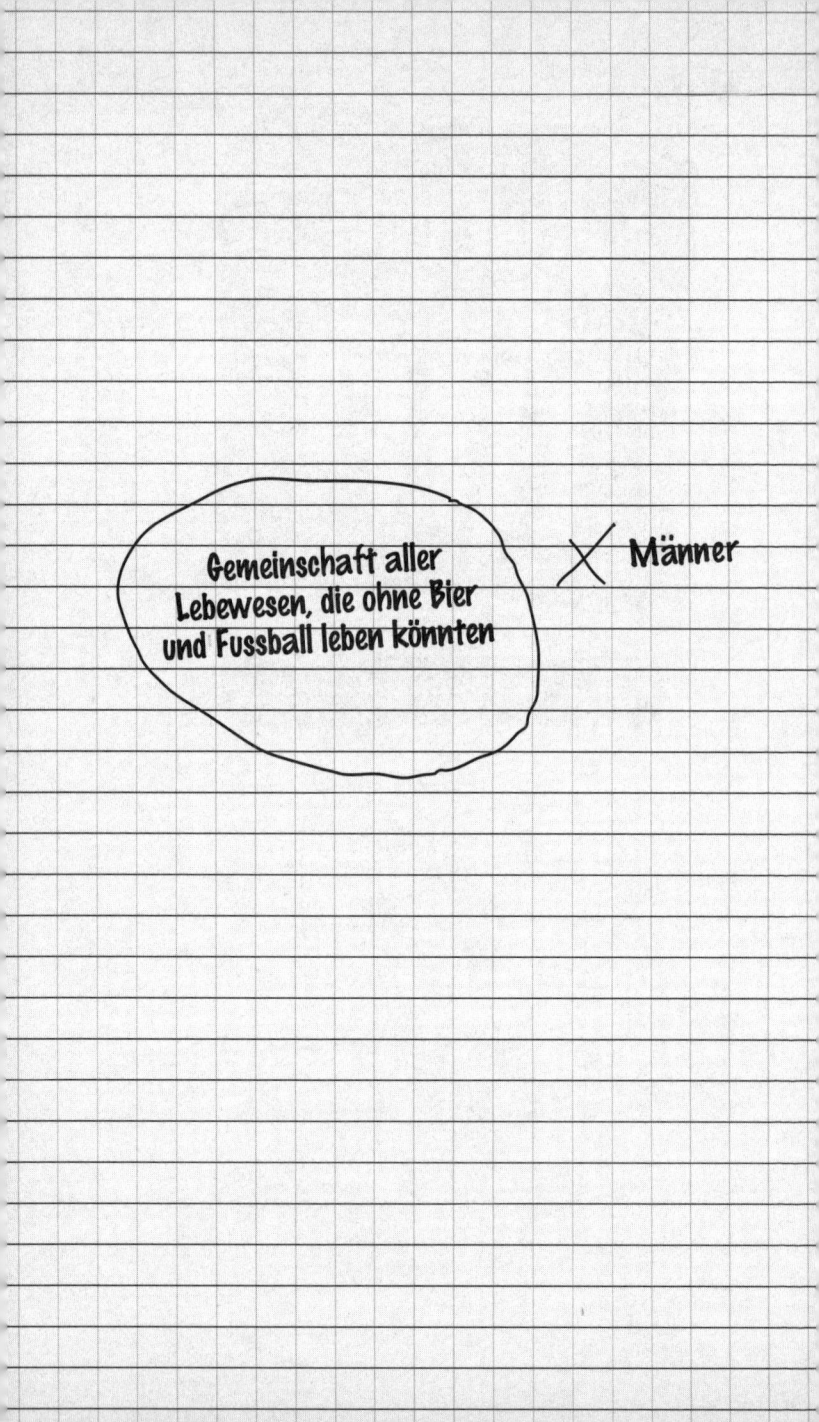

Ja, ja, die Jungs.
Da hocken sie nun. Wenn sie schon mit keinem reden, dann bleiben sie dabei doch lieber unter sich, nicht wahr?
Wen haben die Männer denn schon außer einander?
Keine Frau versteht sie – und selbst wenn, müssten sie ja erst einmal mit ihr reden. Männer wollen aber nicht mit Frauen reden. Sie wollen ... Ach egal.
Jedenfalls gut, dass es andere Männer gibt, mit denen man sich dann mal so richtig austauschen kann.
Mal so richtig über alles reden.
Mal so richtig über alles reden?
Wollen Männer doch auch nicht.
Sie wollen nur mal das eine oder andere rauslassen. Mal etwas loswerden. Nach dem Motto: Das musste jetzt aber mal gesagt werden. Beifall heischend nicken. Und anschließend wird gebrummelt: »Ist doch so!«
Wenn Männer untereinander kommunizieren, hat das oft etwas von Presswehen – es schmerzt, aber es muss halt raus. Der Druck ist groß. Und dann sitzt da jetzt keine Frau, sondern jemand, der es vielleicht ganz genauso sieht, der es versteht. Wenn dann noch kühles Bier als Schmiermittel im Spiel ist, wird der Druck immens. Es gibt kein Halten. Der Damm bricht, die Sprachbarriere verschwindet.
Der andere muss dazu auch gar nichts sagen, nur kurz nicken und »Jawohl!« rufen oder »Rischtisch!«.
Feedback ist was für Frauen.
Männerkommunikation ist One-Way-Palaver.
Um sich zu verstehen, müssen Männer ja nicht reden, dafür haben sie das Schweigen.

Darum wirken Männerdialoge auch oft so holprig: Weil es nicht um Verständigung geht, sondern um eine kurze erleichternde Unterbrechung des ansonsten stummen Einverständnisses.

Macht aber nix, wenn's ein wenig holpert.

Mann ist ja unter sich.

## Kein Wort jetzt!

Eine Bar. Ein Mann sitzt allein mit seinem Bier am Tresen.
**Ein zweiter** stürzt hinein und sagt: »Sorry, zu spät.«
**Sagt der erste:** »Macht doch nix. Hab' schon mal angefangen.«
**Der zweite:** »Jau, das sehe ich. (Zum Barkeeper:) Mir auch eins, bitte.«
**Der erste:** »Nee, mit unserem Gespräch, mein ich.«
Beide lachen, sitzen dann schweigend nebeneinander.

· · · · · · · · · · · · · · · · · · · · · · · · · · · · · · · · · · · · · · · · · · · · · · ·

## Dunkles Glas, heller Moment

Drei junge Männer in München. Ein greller Junitag.
**Erster Mann:** »Sonnenbrille oder nicht?«
**Zweiter Mann:** »Klar. Ist immer cooler.«
**Dritter Mann:** »Genau.«
Alle setzen synchron Sonnenbrillen des exakt gleichen Typs auf und gehen mördercool ein paar Schritte die Straße hinunter. Dann schaut der mittlere zwischen seinen beiden Freunden hin und her und reißt sich die Brille von der Nase. »Heee, voll uncool. Wie so 'ne Klassenfahrt vonner Blindenschule.«

## Wer hat, der kann

Zwei Männer mit Tüten an der Bushaltestelle.
»Boah, ich sag dir. Meine Frau will jetzt, dass wir alles nur noch bio kaufen.«
»In Bio hatte ich früher immer nur Fünfen.«

· · · · · · · · · · · · · · · · · · · · · · · · · · · · · · · · · · · · · · · · · · · · · ·

## Mit Hemd und Haar

Zwei Männer unterhalten sich übers Klamottenkaufen.
»Du gehst doch auch manchmal zu Jack & Jones, oder?«
»Ab und zu.«
»Findest du nicht auch, dass die Musik da viel zu laut ist?«
»Ja, voll. Ist so wie bei diesem Unisex-Friseur.«
»Da war ich noch nie drin.«
»Nee? Warum denn?«
»Ist mir die Musik immer zu laut.«

## Eiswürfel spucken leicht gemacht

Ein Winterabend, 23 Uhr. Temperaturen unter null.
Drei Männer kommen aus dem Kino, gehen schweigend zum auf der anderen Straßenseite geparkten Auto. Plötzlich spuckt einer der drei geräuschvoll sein Bonbon aus, das gut hörbar über die Straße klickert.
»Mann«, kommentiert einer der anderen, »ist das heute kalt.«

. . . . . . . . . . . . . . . . . . . . . . . . . . . . . . . . . . . . . . .

## Brother's Baby

Eine Wohnstraße. Zwei afrikanische Männer – der eine kahl, kräftig und im Basketballer-Style, der andere schmal, in Streetwear und mit einem Mordsafro auf dem Kopf – gehen spazieren. Der Basketballer schiebt einen Kinderwagen mit Baby. Beide Männer machen sehr ernste Gesichter und schauen sich mehrfach um.
Plötzlich sagt der Basketballer: »He, Mann! Scheiße, schieb du mal. Is auch irgendwie dein Kind!«

## Eben noch voll weg, jetzt voll wieder da

Auf einer Party. Ein Kumpel des Gastgebers kommt aus dem Garten wieder nach drinnen.
**Gastgeber:** »Na, alles gut bei dir?«
**Gast** (nickt): »Jause, jetzt wieder.«
Er zapft sich ein Bier aus dem Fass.
**Gastgeber** (Nase rümpfend): »Sag mal – warst du grad kotzen? Hier riecht's irgendwie …«
**Gast** (nimmt einen tiefen Schluck): »Jause, war ich.«
**Gastgeber:** »Und dann säufst du hier hinterher munter weiter?«
**Gast:** »Jause. Vorher ging ja nix mehr.«

..........................................

## Mann oder Limo?

Ein Platz mit ein paar Bänken, nachmittags. Traumwetter. Ein Mann schickt sich an, für sich, seine Freundin und drei Begleiter Getränke am Kiosk zu holen.
**Er fragt:** »Also, was wollt ihr?«
**Erster Mann:** »Beck's.«
**Zweiter Mann:** »Beck's.«
**3. Mann:** »Beck's.«
**Freundin:** »So ein Beck's Green Lemon, bitte.«
**2. Mann:** »Au, ja, das ist auch ne geile Idee.«
Gewalttätiges Schweigen, verständnislose Blicke.
**2. Mann:** »Alles klar, vergiss es. Beck's.«

## Schluck wichtiger als Look

Zwei Männer unterwegs auf die abendliche Piste.
**Der eine:** »Geht das so, mit Jeans und Sakko?«
**Der andere:** »Klar, sieht super aus.«
»Nee, echt? Cool. Und die Schuhe? Guck mal, die habe ich zu nem Superpreis im Internet ...«
»Mir SCHEISSegal, Mann. Komm, das Bier wird warm.«

........................................

## Baumelt die Brille?

Ein Mann betritt die Toilette eines Restaurants und geht in eine der drei Kabinen. Kaum ist die Türe geschlossen, ist aus der Kabine eine Stimme zu vernehmen:
»Meine Güte, hängen die tief!«
Antwort aus einer der anderen Kabinen:
»Ich hoffe sehr, du meinst die Klobecken.«

## Punk is dead

Ein Punker trägt eine große Holzleiter auf der Schulter über den schmalen Bürgersteig einer Bahnunterführung. Von hinten nähert sich ihm ein Mann auf einem Fahrrad, ebenfalls auf dem Bürgersteig. Als der Radfahrer den Punk überholt und dabei leicht berührt, sagt dieser: »Hey, is' kein Radweg hier, du Assi!«
**Der Radfahrer:** »Spießer.«

· · · · · · · · · · · · · · · · · · · · · · · · · · · · · · · · · · · ·

## Echt zum Weinen, das Zeug!

Ein Weingeschäft am Samstagmittag. Der dreitagebärtige Verkäufer schwärmt einem Kunden von der Eleganz und der Tiefe eines Barolos vor, als in der gegenüberliegenden Ecke des Ladens ein etwa achtjähriges Mädchen, das wohl gern nach Hause will, hysterisch zu schreien und auf seine Mutter einzuschlagen beginnt.
**Der Verkäufer:** »Tja, schmeckt nicht jedem, so ein Veltliner.«

## Kurz und traurig

Eine Trauerfeier auf dem Friedhof. Ein Mann sagt zu einem anderen: »Mein Beileid.«
**Der andere:** »Meins auch.«

........................................

## Das Tier in dir

In der Erwachsenenabteilung einer Videothek. Zwei vielleicht gerade mal 18-Jährige scannen hochkonzentriert die DVD-Auslage.
**Der eine:** »Guck mal, der hier: ›Knüppeln wie die Tiere‹.«
**Der andere:** »Klingt vielversprechend.«

........................................

## It's my party!

Vor der Tür eines kleinen Clubs am Freitagabend.
**Der Türsteher:** »Sorry, Mann. Geschlossene Gesellschaft. Geburtstagsparty.«
**Der Gast:** »Ich weiß, ich gehöre ja dazu.«
**Der Türsteher:** »Sorry, Mann. Mir gefällt dein Gesicht nicht.«
**Der Gast:** »Aber ich bin der verdammte GASTGEBER!«
**Der Türsteher:** »Sorry, Mann. Dein Ton gefällt mir auch nicht.«

## Die richtige Trink-Temperatur

Ein Mann in Baggy-Jeans telefoniert per Handy an einer Fußgängerampel: »Ja, Tach, Chef, ich bin's. Du hör mal, wir gehen hier gleich mit ein paar Leuten ein Bier trinken. Da wollt ich fragen, ob du Bock hast, mit ... Dir isses zu warm zum Biertrinken? Ach, was. (Lacht.) Soll ich mich dann im Winter wieder melden, hehe? Wie? Im Winter eher Rotwein? Äh ... Nee, is klar. Bei wie viel Grad wäre denn dann ein Bier genehm?«

· · · · · · · · · · · · · · · · · · · · · · · · · · · · · · · · · · · · · ·

## Gleich gibt's Kaffeeklatsche!

Ein Ausflugslokal an der Elbe. Ein Mann steuert mit seiner Halbliter-Bierflasche die Toilette im Inneren des Lokals an.
**Kellner:** »Wo wollen Sie denn mit der Flasche hin?«
**Mann:** »Toilette.«
»Solche Flaschen haben wir aber hier nicht.«
»Doch, logisch. Draußen nur Kännchen.«

# Freiheit, wie ich meine

In einem Modeshop. Ein Mann Mitte 30 probiert Jeanshosen an.

**Kunde:** »Die ist mir obenrum etwas zu eng.«

**Verkäufer:** »Find ich persönlich jetzt nicht. Das ist mit die weiteste Hose, die wir so haben.«

**Kunde:** »Außerdem ist die unten viel zu lang.«

**Verkäufer:** »Find ich persönlich jetzt nicht. Wir haben die halt erst ab Länge 32, und man kann die doch prima umschlagen.«

**Kunde:** »Umschlagen mag ich nicht, da wirken die Beine so kurz.«

**Verkäufer:** »Find ich persönlich jetzt nicht, dass das so ist.«

**Kunde:** »Sagen Sie mal, wieso widersprechen Sie mir eigentlich dauernd?«

**Verkäufer:** »Also, find ich persönlich jetzt nicht.«

## Das ist kein Spiel hier!

Ein Mann trifft einen anderen Mann in der Stadt. Der eine trägt eine Plastiktüte unterm Arm.
**Erster Mann:** »Na, was machst du so?«
**Zweiter Mann:** »Ich treffe mich mit einem Bekannten zum Stratego-Spielen.«
**Erster Mann:** »Stra... Was?«
**Zweiter Mann:** »Stratego. Ein Brettspiel. Ziel ist die totale Vernichtung des Gegners.«
**Erster Mann:** »Aha. Na, hoffentlich gewinnt der Bekannte von dir.«

．．．．．．．．．．．．．．．．．．．．．．．．．．．．．．．．．．．．

## Datum unbekannt

Auf der Kfz-Zulassungsstelle. Männer beim Ausfüllen von Papieren.
**Einer:** »Welchen haben wir heute?«
**Ein anderer** giftet: »Den letzten.«

## Am Wasser gerockt

Drei Jungs auf dem Konzert einer Gitarrenband. Gespräche sind nur schreiend möglich.
**Der erste** ins Ohr des zweiten: »Alter, hat der Bass einen geilen Sound, oder?«
**Der zweite:** »Was?«
**Der erste:** »Geiler Sound, der Bass!«
**Der zweite:** »Ja, meins auch. Komplett nass. Scheißwarm hier!«
**Der dritte:** »Ich hol mir was zu trinken. Will einer noch was?«
**Der zweite:** »Haben wir gerade drüber gesprochen.«

. . . . . . . . . . . . . . . . . . . . . . . . . . . . . . . . . . . . . .

## Service-Wüste, ausgetrocknet

Grillfest auf dem Sportplatz. Ein Mann kommt an den Bierstand und sagt: »Ich hätte gern ein Bier.«
**Der diensthabende Bierverkäufer** grinst und antwortet: »Ach was. Flasche oder vom Fass?«
**Mann:** »Wenn Sie haben, Flasche.«
**Bierverkäufer:** »Sorry, wir haben hier nur vom Fass. Flasche gibt's im Clubheim.«
**Mann:** »Dann halt vom Fass.«
**Bierverkäufer:** »Sorry, Fass ist alle.«

## Was schmeckt dir, und wenn ja, wie viele?

Zwei Jungs bei McDonald's.
**Der eine:** »Haste gehört? Da hat einer 25 000 BigMäcs gegessen.«
**Der andere:** »Selbst schuld. McRib ist viel geiler.«

..........................................

## Fruchtsäfte aller Art

Ein großer, kräftiger und ein kleiner, dünner Mann unterhalten sich.
**Der Große:** »Ey, komm', jetzt sag!«
**Der Kleine:** »Nee, never!«
**Der Große:** »Ey, los, du sagst das jetzt, sonst quetsch' ich dich aus wie 'ne Melone.«

..........................................

## Das Grab mit Fahrschein

Zwei Männer stehen bei Regen unter dem Vordach eines Geschäfts. Gegenüber führt eine Treppe hinab zur U-Bahn.
**Der eine:** »Sollen wir es jetzt wagen?«
**Der andere:** »Ja, wird uns nicht umbringen, das bisschen Regen.«
**Der eine:** »Genau. Ich muss ja auch eh nur unter die Erde.«

## Ist doch viel tschernobylliger

Ein älterer und ein jüngerer Kollege unterhalten sich.
**Der jüngere:** »Warum schießen die den ganzen Atommüll nicht einfach ins Weltall?«
**Der ältere:** »Die Idee hatten sie auch schon. Aber viel zu teuer.«
**Der jüngere:** »Geld haben die doch.«
**Der ältere:** »Und was meinst du, was passiert, wenn deine tolle Castor-Rakete beim Start explodiert?«
**Der jüngere:** »Pffft, weg is' weg.«

• • • • • • • • • • • • • • • • • • • • • • • • • • • • • • • • • • • •

## Musik ist Triumph!

Ein Straßencafé an einem sonnigen Sommernachmittag. Ein paar Männer um die 40 sitzen auf Bierbänken und trinken Latte Macchiato. Aus einem Lautsprecher schallt ein Popsong der französischen Sängerin Zaz.
Einer der Männer – abgeschnittene Jeans, kariertes Hemd offen über der braungebrannten, blondkräuseligen Brust – sitzt breitbeinig auf der Bank, breitet plötzlich die Arme aus, schnippt sirtakimäßig mit den Fingern zur Musik und dröhnt: »Alter, ich liebe Flamenco!«

## Die Herren der Ringer

In der U-Bahn. Zwei Burschen unterhalten sich über Filme.
**Der eine:** »Oder kennst du den einen, wo Mickey Rourke diesen Wrestler spielt?«
**Der andere:** »Rocky?«
**Der eine:** »Neeee, der ist doch mit Dings, äh, Rambo.«

• • • • • • • • • • • • • • • • • • • • • • • • • • • • • • • • • • • • •

## 17 year, blondes Hair

Zwei Männer unterhalten sich in der Fußgängerzone auf Englisch. Beide scheinen einander nicht zu kennen. Der eine ist hörbar Deutscher, der andere vielleicht Brite.
**Deutscher:** »So you also like the blonden women?«
**Anderer Mann:** »Yes, they're okay.«
»I like the hollandse women. They are nice.«
»Who?«
»The Holland … Äh, Käse, äh: Cheese. Cheeseheads. Cheesewomen, you know?«
»Cheesy women?«
»No, no, ach, äh: Niederlands!«
»Ah, you mean from the Netherlands. Yes. Nice.«
»And also scand… (überlegt) … scandalic women?«
»Scandalous women?«
»No, no. From Dänmark or Schweden.«
»Oh, Scandinavian women.«
»Yes. They are also oft blonde.«

## Grande Morgenlatte!

Ein Handwerker-Typ bestellt an einem Dienstagvormittag bei Starbuck's und kratzt sich dabei im Schritt. Er geht offenbar nicht oft in solche Läden und fühlt sich unwohl.
**Kunde:** »Einen Kaffee bitte.«
**Verkäufer:** »Latte?«
**Kunde** (knurrig): »Biste schwul, oder was?«
**Verkäufer:** »Ja, schon. Aber ich wollte eigentlich wissen, ob Sie Milch in Ihren Kaffee haben möchten.«

..........................................

## Arsch auf Geige

Zwei Männer unterhalten sich nach einem Konzert von Apocalyptica.
**Der eine:** »Ist echt eine geile Idee, Metallica auf Cello zu spielen. Vielleicht geht das auch mit anderen.«
**Der andere:** »Hä?«
**Der eine:** »Na, was weiß ich, zum Beispiel Iron Maiden auf Kontrabass. Oder Slayer auf Saxophon.«
**Der andere:** »Oder Ei auf Toast.«

## And the Oscar goes to the Dings

Ein Mann Mitte 50 und sein Sohn unterhalten sich.
**Vater:** »Haben neulich diesen Hinrichtungs-Film da mit der Dings gesehen, den du empfohlen hast.«
**Sohn:** »Mit welcher Dings?«
**Vater:** »Diese Dunkle, die den Oscar dafür gekriegt hat. Wie hieß die noch? Ah, ja: Halle Balle.«

• • • • • • • • • • • • • • • • • • • • • • • • • • • • • • • • • • • • • •

## Raucher sterben vor Ort

Ein älterer Herr sitzt auf einer Bank auf dem Friedhof und raucht eine Pfeife. Ein Jogger kommt vorbei.
**Alter Mann:** »Hey, Sie stören die Totenruhe! Das ist ein Friedhof hier.«
**Jogger**, ohne stehen zu bleiben: »Stimmt, dann passen Sie als Raucher ja auch viel besser hierher.«

## Einer, der weiß, wovon er schprischt (hicks)

Ein Mann in Hemd und Jeans mit schwerer Tasche stürzt in totaler Hektik die Treppen zu einer U-Bahn-Station hinab, liest panisch Schilder und Anzeigentafeln, um dann mit letzter Kraft in den bereitstehenden Zug zu springen. Dabei stolpert er und landet mit einem knallenden Poltern im Innern der Bahn. Der Krach weckt einen dort schlafenden Trunkenbold, der lallt: »Is'n hier los, biste besoffen oder was?!«

......................................

## Nur kranke Ärsche auf der Autobahn

Ein Autobahnrastplatz. Aus einem LKW, in dessen Frontscheibe ein großes »Walter«-Schild hängt, steigt der Fahrer aus und will in Richtung Raststätte gehen. Plötzlich taucht ein anderer Mann auf, ein Autofahrer, der sich an der Ausfahrt kurz zuvor von dem Brummi-Fahrer geschnitten gefühlt hat.
**Autofahrer:** »Hören Sie mal, Walter, Sie fahren wirklich wie der letzte Arsch!«
**LKW-Fahrer:** »Der Walter ist krank. Aber ich richte ihm das gerne aus.«

## Hände hoch, Modepolizei!

An einer Fußgänger- und Radfahrer-Ampel hält ein Szene-Styler mit seinem One-Speed-Bike und schaut an sich herunter. Er überprüft die Design-Workwear-Jeans auf ihren Sitz, checkt, ob die Ärmel seines Marken-Karo-Flanell-Hemds auf gleiche Höhe gekrempelt sind, bewegt die Zehen in seinen original brasilianischen Flip-Flops. Neben ihm steht ein bärtiger Penner in dreckiger, ausgebeulter Anzughose, Unterhemd und rotem Fallschirmseiden-Blouson und folgt jeder Bewegung des Stylers mit Augen und Kopf. Schließlich sagt der Penner: »Sach ma, Jung, ist dir dat in den Badelatschen nit zu kalt?«

• • • • • • • • • • • • • • • • • • • • • • • • • • • • • • • • • • • • •

## Ohren zu und durch

In einer Starbuck's-Filiale, Sofalandschaft. Zwei junge Mädchen und ein junger Mann beobachten fasziniert die Unterhaltung dreier Gehörloser, die sich mit schnellen Gesten und ausdrucksstarkem Mienenspiel verständigen. Als einer der drei Gehörlosen sich eine Weile nicht regt, sagt der junge Mann: »Guck ma, dem reicht's, der hört gar nicht mehr zu.«

## Richtig brennen muss das!

Zwei Männer mit ihren Kindern beim Waldspaziergang. Der eine sammelt ständig Äste und Zweige ein. Als er noch die Rinde von einem Birkenstumpf ablöst, fragt der andere: »Was machst du da eigentlich? Was willst du mit dem ganzen Zeug?«
**Der andere:** »Trockene Birkenrinde ist super, wenn man mal Feuer machen muss.«
»Äh, Feuer machen *muss?* Das Ferienhaus hat Strom und Zentralheizung – und keinen Kamin.«
Der andere sammelt und sucht unbeirrt weiter. »Dann machen wir das Feuer halt vor der Garage.«

..........................................

## Und damit Pasta!

Ein italienisches Restaurant in einer deutschen Einkaufsstraße zur Mittagszeit. Ein deutscher Gast beschwert sich beim Wirt.
»Hör mal, Luigi, ich war gerade in Siena. Da schmecken die Nudeln einfach besser. Die haben mehr Biss.«
**Der Wirt,** mit breitem Grinsen: »Wie sagt ihr hier immer so schön? Dann geh doch zurück nach Italien.«

## Hauptsache: Problem erkannt

Ein Kiosk am S-Bahngleis, Mittwochmorgen um 9.30 Uhr. Zwei Männer in Jeans und Heavy-Metal-Shirts trinken Bier.

**Der eine:** »Ich muss da echt was ändern, so geht das nicht weiter. Tagsüber immer dieser Stress. Und abends dieses Scheiß-Rumgesumpfe.«

**Der andere:** »Vor allem musst du mal wieder pünktlich aufm Job erscheinen.«

**Der eine:** »Jaja, ich weiß, ich weiß. Weißt du was? Ich stelle mir jetzt wieder jeden Tag den Wecker. Und ich esse mehr Gemüse. Wollte ich eh. So. Das mache ich.«

**Der andere:** »Super. Auch noch eins?«

**Der eine:** »Klar.«

· · · · · · · · · · · · · · · · · · · · · · · · · · · · · · · · · · · · ·

## Niemals nur klein-klein

Ein Asia-Imbiss zur Mittagszeit. Der Koch ruft: »Einmal die M1 in Groß und Klein, bitte.«

Zwei Männer gehen zum Tresen, um ihr Essen abzuholen, werden aber von einem kleinen Jungen mit Brille und Augenpflaster überholt, der wie ein geölter Blitz nach vorn rennt. Die Männer und der Koch gucken verdutzt, als der Junge sagt:

»Was gibt es denn hier für Groß und Klein? Kannst du Zaubertricks?«

## Der Schläger mit dem Türproblem

Ein S-Bahnhof, nachmittags. An den Türen des wartenden Zuges piepst es bereits, als noch ein Mann mit Jeansjacke und Lederkappe vorstürmt und sich in die Tür stellt. Eine Gruppe scherzender, angetrunkener Osteuropäer folgt ihm gemächlichen Schrittes. Der Zugführer sagt durch die Rufanlage:
»Machen Sie bitte die Tür frei, damit der Zug losfahren kann.«
**Der Mann** in der Tür laut und aggressiv: »He, Arschloch! Hast du Problem, oder was?!«
**Der Zugführer** steckt den Kopf aus dem Seitenfenster und sagt: »Komm doch her, du Idiot!«
Der Mann tritt zurück auf den Bahnsteig und geht breitbeinig ein paar Schritte auf den Zugwagen zu. Die Türe schließt.
**Der Zugführer:** »Danke. Ich sag doch: Idiot.«
Und fährt los.

## A long way to the top

Eine Fußgängerampel. Ein junger Mann mit Turnschuhen, Rucksack und Migrationshintergrund wartet auf Grün. Dabei popelt er gedankenverloren mit dem Zeigefinger in der Nase. Ein getunter BMW kommt herangefahren, bremst, und der beohrringte Fahrer ruft: »Schick mir 'ne Postkarte, wenn du oben bist!«
**Der Popler** ruft zurück: »Isch SCHEISS auf disch, wenn isch ganz oben bin, Alter!«

. . . . . . . . . . . . . . . . . . . . . . . . . . . . . . . . . . . . . .

## Please: Boxring my Bello

Zwei junge Väter reden über mögliche Haustierwünsche ihrer Kinder.
**Der eine:** »Hamster geht ja noch. Wenn sie ihn selber füttern. Und wenn das Vieh nicht die ganze Nacht im Rad läuft. Aber ein Hund geht gar nicht.«
**Der andere:** »Hund in der Stadtwohnung ist echt doof. Aber grundsätzlich hätte ich nichts dagegen. Ich würde einen Boxer nehmen.«
**Der eine:** »Und den nennste dann Schulz.«
**Der andere:** »Hä? Wieso?«
**Der eine:** »Na, wegen Axel Schulz.«
**Der andere:** »Aha. Hatte der auch so'n Hund?«

## Ice cold pussy

Ein langhaariger PC-Spiele-Nerd steht wartend vor einem Geschäft. Auf seinem T-Shirt steht: »Computer games ruined my life. Good thing I had 2 extra lives.«

Ein angetrunkener Frührentner torkelt vorbei, liest die Shirt-Beschriftung und lallt: »Meine Katze macht dich platt, die hat neun Leben!«

Er hält inne, fügt dann nuschelnd hinzu: »Nee, nur noch acht, weil: Ich hab die ja mal im Kühlschrank vergessen ...«

## Nie Meer drüber reden

Zwei Männer starren vom Strand aufs Meer und schweigen lange Zeit.

Dann sagt **der eine:** »Sieht nach Regen aus.«

Sagt **der andere:** »Immer noch besser, wie wenn's nach nix aussehen tät.«

## You can win-win if you want

Zwei Männer im Gespräch über ihre Beziehungen.
**Der eine:** »Also, entweder ich halte die Klappe zu all dem Mist, den sie so verzapft, und muss ihr Gejammer ertragen, wenn ihr hinterher die Scheiße um die Ohren fliegt. Oder ich sage gleich, dass das so nicht geht – und muss mir dann ihr Gemecker anhören, was ich für ein pessimistischer Kleingeist bin.«
**Der andere:** »Klassische Win-Win-Situation, oder?«

· · · · · · · · · · · · · · · · · · · · · · · · · · · · · · · · · · · · · · ·

## Ganz Armins Schwein

Zwei Männer warten in der Pommesbude am Fresstresen auf ihre Burger, einer mit Baseball-Kappe, der andere mit Kapuzenpulli. Erst schweigen sie beide.
**Baseball-Kappe:** »Haste das von Armin gehört?«
Kapuzenpulli, förmlich explodierend, kriegt sich gar nicht wieder ein vor Anerkennung: »Ja, krass, oder? Das is' 'ne Drecksau. Alter, is' der eine Drecksau. Was für eine Drecksau, oder? So eine Drecksau!«
**Baseball-Kappe:** »Ja, aber echt.«
**Kapuzenpulli:** »Was das für eine Drecksau ist.«
Konzentriertes Schweigen, etwa zwei Minuten lang.
**Baseball-Kappe:** »Aber das mit Armin, das ist echt ...«
**Kapuzenpulli,** wieder in Fahrt kommend: »Alter, was für eine Drecksau, oder? So eine Drecksau!«

## The world according to lunch

Mittwochmittag. Zwei Kollegen mailen von Büro zu Büro.
**Der eine:** »Heute Mittag zusammen essen?«
**Der andere:** »Gern, aber vielleicht heute mal nicht zum Asiaten – im Zentrum gibt's 'nen Inder ...«
**Der eine:** » Ähem. Du willst mich verarschen, oder? Wo liegt noch mal Indien ...?«
**Der andere:** »Hui! Du lässt Dir kein X für'n U vormachen, was? Indien ist immerhin ein Sub-Kontinent. Es geht aber auch ein Döner – von der *europäischen* Seite Istanbuls ...«
**Der eine:** » Du bist auch'n Suppkontinent. Egal, sag an, wo treffen wir uns?«
**Der andere:** »Wieder vor H&M?«
**Der eine:** »Geht klar. Wobei: Das ist irgendwie auch'n Asiate, wenn man sich die Herstelleretiketten so anschaut ...«

● ● ● ● ● ● ● ● ● ● ● ● ● ● ● ● ● ● ● ● ● ● ● ● ● ● ● ● ● ● ● ● ● ● ● ● ● ●

## Stehradler unter sich

In einem Park, Samstagmittag. Zwei Männer mit einer deutlich erkennbaren Historie von massivem Rauschmittelmissbrauch treffen sich.
**Der eine,** lachend: »Alter, was los? War so hart gestern? Kannste nicht mehr laufen, oder was?«
**Der andere:** »Wieso?«
**Der andere:** »Na, weil du da auf'm Radweg stehst.«

## Zwei Blinde unter der Brücke

Eine Bahnunterführung für Autos, Fußgänger und Radfahrer. Ein Blinder mit gelber Armbinde, dunkler Brille und Taststock überquert die Straße und strebt schnurstracks auf den Fußweg. Dabei kreuzt er den Weg eines jungen Mannes und streift ihn.
Der schreit ihn an: »Hey, guck doch, wo du hinläufst, verdammt!«

· · · · · · · · · · · · · · · · · · · · · · · · · · · · · · · · · · · · · ·

## Spiel wie Flasche leer

Eine Runde von Biertrinkern. Einer fragt: »Ey, was kennt'n ihr noch für Biersprüche? So wie ›Holsten knallt am dollsten‹?«
**Einer:** »Entspannen mit Hannen.«
**Noch einer:** »Fußpilz, Fliegenpilz, Fiege Pils.«
**Wieder einer:** »Wie das Land, so die Leber.«

## Besuch aus Eierheim

Zwei Männer im Auto unterwegs auf der Autobahn.
**Der eine:** »Guck ma, wie geil, ›Hodenhagen‹. Wer will'n da wohnen?«
**Der andere:** »Immer noch besser als Sackstadt.«
**Der eine:** »Wo soll das denn sein?«
**Der andere:** »Direkt unterhalb von Pimmelhausen.«

......................................

## Please select language, Depp!

Zwei langhaarige Mittzwanziger in Heavy-Metal-Shirts, einer mit Dreads, einer mit Metal-Matte, reden über Filme.
**Matte:** »Englische und US-Filme guck ich auch immer im Original.«
**Dreads:** »Ja, deutsch synchronisiert ist voll uncool. Aber was man nicht machen sollte, ist Filme schauen, die ins Englische synchronisiert wurden.«
**Matte:** »Aha, warum?«
**Dreads:** »Na, die haben damit kaum Erfahrung, das kommt total schlecht. Da war doch mal dieser koreanische Film mit diesem Monster. Schlimm, sage ich dir. Konntest du nicht gucken.«
**Matte:** »Aber warum guckst du einen koreanischen Film auf Englisch?«
**Dreads:** »Na, deutsch synchronisiert ist doch voll uncool.«

## Schulsport ist Selbstmord

Zwei Familienväter unterhalten sich vor dem Kindergarten.

**Der eine:** »Ach ja, Lehrer müsste man sein.«

**Der andere:** »Nee, also wenn ich mit einer Berufsgruppe nicht tauschen will, dann Lehrer.«

**Der eine:** »Ja, aber wieso? Dauernd Ferien, mittags frei. Sportlehrer meine ich, die müssen nachmittags nicht mal irgendwas vorbereiten.«

**Der andere:** »Okay, ja. Sportlehrer ist echt easy. Aber wenn du dich mal erinnerst, was für ein Image die so in unserer Schulzeit hatten: Jogginganzug-Träger und Englisch-Referendarinnen-Flachleger. Das will man doch auch nicht.«

**Der eine:** »Stimmt. Meiner ist auch schon tot.«

## Wirklich absolut das Letzte

Zwei Männer streiten sich halb im Spaß. Die Diskussion geht eine Weile hin und her. Schließlich sagt der eine: »Du musst immer das letzte Wort haben, oder?«
**Der andere:** »Nein, aber wenn es doch so ist.«
»Siehst du, schon wieder.«
»Schon wieder was?«
»Dass du das letzte Wort hast.«
»Wollte ich aber gar nicht.«
»Hast du aber.«
»Ich meine ja nur, wenn …«
»Da! Wieder!«
»Ich will doch nur …«
»Zack, und noch mal!«
Der andere verkneift sich einen Kommentar. Nach etwa drei Minuten Stille fragt er: »Könnte ich dann hiermit ein neues Gespräch beginnen?«
**Der andere:** »Worüber?«
»Ich wollte noch einmal auf das eben Gesagte zurückkommen …«

## Bastian Bielendorfer
### Lehrerkind
*Lebenslänglich Pausenhof.*
*304 Seiten. Piper Taschenbuch*

Was wird aus einem Menschen, wenn Mama und Papa Lehrer an der eigenen Schule sind – und somit an jedem Tag im Jahr Elternsprechtag ist, die Mitschüler einen zum Daueropfer ernennen und es bei den Bundesjugendspielen nicht einmal für eine Teilnehmerurkunde reicht? Genau: Er wird selbst Lehrer! Mit gnadenloser Selbstironie schildert Bastian Bielendorfer, wie er der pädagogischen Sippenhaft zu entrinnen versucht, und verrät dabei, welch zarte Seele sich unter so manchem grob gehäkelten Mathelehrerpullunder verbirgt.

## Florian Bredl
### Kunden aus der Hölle
*Irrsinniges aus der Service-Welt.*
*160 Seiten. Piper Taschenbuch*

Unfreundlich, unverschämt, nervig, dumm oder schlicht verrückt? Jeder Verkäufer, Berater und Callcentertelefonist kennt sie: Kunden aus der Hölle. Ihre Mission: unnütze Arbeit verursachen, Zeit stehlen, Nerven rauben. Ihre Methoden: Zermürbung, Verwirrung, Fragefolter. Das einzige Gegenmittel: Lachen. Das erste Buch, das den Irrsinn der Service-Welt aus der Sicht der Leidtragenden schildert.

## Robert Twigger
### Handbuch für echte Männer

Aus dem Englischen von Theda Krohm-Linke. 224 Seiten mit Illustrationen von David Graham. Piper Taschenbuch

Wie schwimme ich in einem Eisloch? Wie knacke ich einen Tresor? Wie bekämpfe ich einen Kater? Diesen und vielen anderen wichtigen Fragen im Leben eines Mannes geht Robert Twigger auf den Grund: Er gibt wertvolle Tipps und Ratschläge, wie die jeweilige Aufgabe erfolgreich bewältigt werden kann. Denn Robert Twigger, einer der letzten großen Abenteurer unserer Zeit, weiß um die Gefahren im Leben eines Mannes. Er hat die größte Schlange der Welt gefangen, studierte in einer Sondereinheit der Tokyoter Polizei japanische Kampfkunst – und besteht bisher auch das Abenteuer Ehe mit Bravour. Ein Survivalguide mit augenzwinkerndem britischem Humor.

»Bestechend klug«
New York Times

## Malte Welding
### Frauen und Männer passen nicht zusammen – auch nicht in der Mitte

Warum die Liebe trotzdem glücklich macht. 368 Seiten. Piper Taschenbuch

Malte Welding schaut den Liebeskranken in die Betten, die Köpfe und die Herzen und stellt die Frage: Ist die Liebe noch zu retten – sind wir noch zu retten? Thomas ist ein notorischer Aufreißer, der sich heimlich nach der großen Liebe sehnt, Katharina kauft öfter Schuhe als sie mit ihrem Freund schläft und Kurt trennt sich von Johanna, weil sie mehr verdient als er. Scharfzüngig und mit viel Gespür fürs Allzumenschliche ergründet er die Liebesfallen der Nullerjahre. Lustfördernde Heilmittel für alle Formen der Bindungsangst garantiert.

Denn irgendwie passen sie doch zusammen – vor allem in der Mitte.

»Wahr und witzig!«
Jolie